AF493585

LE JUIF DE VÉRONE

LE

JUIF DE VÉRONE

OU

LES SOCIÉTÉS SECRÈTES EN ITALIE

PAR

A. BRESCIANI

Traduit et abrégé par ETIENNE LAMY, avocat.

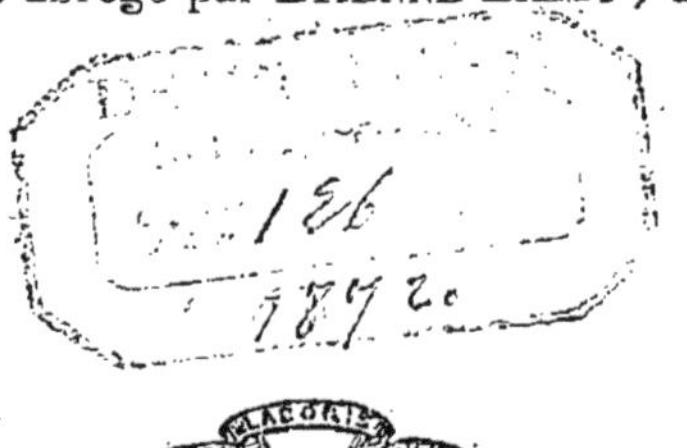

LIMOGES

BARBOU FRÈRES, IMPRIMEURS-LIBRAIRES.

I

ALICE.

C'était un jour de mai 1848. Par une de ces matinées si belles sous le ciel de Rome, une chaise de poste traversa la place du Quirinal, prit la rue de Sainte-Marie-Majeure, et vint s'arrêter devant la porte du couvent San-Dionisio. Un coup de cloche retentit, et la voix de la tourière s'éleva :

— Appelez Alice, son père est arrivé.

Quelques minutes après, parut sur le seuil une jeune fille entourée de ses compagnes et pleurant comme elles. C'étaient les embrassements et les sanglots, les élans de tendresse dont la jeunesse est prodigue aux instants de séparation. Enfin la supérieure remit Alice aux mains de son père. Celui-ci la serra dans ses bras, la conduisit au carrosse, y monta avec elle, et la voiture partit. Alice s'était jetée dans le fond de la chaise, la tête baissée, les yeux en pleurs ; le père contemplait silencieux la première douleur de sa fille.

C'était un homme d'une quarantaine d'années, grand, bien fait de sa personne, il se nommait Bartolo Capegli. Son père, homme de robe, avait longtemps promené dans les tribunaux, Monte Citorio ou la Rote, la petite queue et les marteaux d'une perruque poudrée à frimas ; au demeurant chrétien éprouvé, esprit juste, cœur tout dévoué à la Papauté.

Le Pape n'était pas seulement à ses yeux le vicaire de Jésus-Christ et le chef de l'Eglise, mais encore le souverain nécessaire, la vie, la lumière de Rome. Bartolo avait trouvé ces principes au foyer paternel, avait grandi avec eux, et ses études au Collége-Romain affermirent encore ses croyances. Il s'était marié de bonne heure à une femme riche, belle, et, ce qui vaut mieux encore, honnête et sage ; une fille était née de cette union, Alice, qui avait coûté la vie à sa mère.

L'enfant avait été placée à San-Dionisio ; les saintes femmes de ce couvent avaient développé chez elle les vertus qui font l'honneur et la joie de la vie. Alice, du reste, était une terre fertile. A une grande beauté elle joignait la finesse de l'esprit et le charme du caractère ; c'était une nature dont la douceur et l'aménité n'excluait point l'ardeur.

Pour le père, après la mort de sa femme, il s'était laissé entraîner, non pas au désordre, mais à des relations trop intimes avec certains personnages pour lesquels les affaires publiques servaient de trêve aux plaisirs, et dont le vaste cerveau traçait avec une égale aisance les règles des festins et celles de la politique.

Grégoire XVI régnait alors, vieux mais grand Pape, bravant les intrigues d'une diplomatie hostile au Saint-Siége, également habile à maintenir son rang en face des puissances catholiques et à lutter contre l'influence des peuples hérétiques, et trouvant au milieu de ces immenses fardeaux le temps d'être le protecteur des sciences et des arts.

— Tout cela est fort bien, disaient les amis de Bartolo, mais Grégoire se montre trop intraitable. Quelle hostilité systématique aux progrès de la civilisation moderne ! Quel mépris pour les inventions nouvelles ! quel parcimonieux essor mesuré au génie italien ! L'administration n'est pas meilleure, l'Etat marche à sa ruine, et les contribuables sont écrasés d'impôts croissants.

— Que le Pape ne soit pas favorable *au progrès*, je vous l'accorde, disait Bartolo ; quant au mauvais état des finances, il faut en faire responsables, non pas Grégoire, mais les factions et les révoltes naturalisées en Italie. Croyez-moi, qu'un autre Pape surgisse, que l'Italie s'unisse en confédération, et Rome, sous la présidence du Pontife, verra se rajeunir l'éclat de son antique splendeur.

— Allons donc, disait un autre, croyez-vous que l'Allemagne s'accommoderait d'une confédération italienne ?

— Oh ! pour l'Allemagne, il est un moyen sûr de s'en débarrasser. Il suffit de mettre le Souverain-Pontife à la tête de la confédération. Alors Rome non seulement pourra combler son déficit, mais, aussi riche que puissante, elle prêtera ses trésors aux autres nations, comme le faisaient jadis les Papes, alors qu'ils étaient vraiment Papes, deviendra la banque du monde chrétien et sera enfin maîtresse de ses destinées.

— Rêves que tout cela, objectait-on. Où est le temps d'Alexandre III et de la ligue lombarde ? Un Pape capitaine de l'Italie ! Allons donc.

Le cœur d'un Napoléon dans la poitrine d'un Pontife étoufferait sous la chape ; Pape, au lieu de monter à cheval, on se fait porter en litière ; et au lieu de délivrer les peuples, on les va bénir au Vatican.

— Pourtant, mes amis, Urbain VI, un vieillard, n'était-il pas à Garignano au plus fort de la mêlée? Jules II avait aussi quelques hivers sur les épaules, en portait-il plus mal l'armure ; et ne le vit-on pas au cœur de la Lombardie, commander, combattre, vaincre, et fouler du pas de son cheval la brèche d'une cité vaincue?

A ces paroles enthousiastes, les politiques amis de Bartolo partaient d'un grand éclat de rire, ou gardaient envers l'orateur un silence éloquent de reproches.

II

POLYXÈNE.

Tel était Bartolo depuis deux ans à peu près : fidèle au Saint-Siége par attrait et par patriotisme impatient d'un réveil politique pour Rome ; ennemi des sociétés secrètes par une loyauté instinctive, et néanmoins lié par ignorance ou légèreté à de nombreux membres de ces affiliations.

Cépendant la chaise de poste avait passé la porte San-Giovani, et roulait grand train vers Albano. Bartolo rompit enfin le silence, et attirant la jeune fille dans ses bras :

— Ma chère enfant, sèche tes pleurs, ils m'attristent. Tu ne saurais croire avec quelle impatience j'attendais ce jour : il me semblait que de lui devait dater vraiment notre bonheur. Nous passerons à ma villa d'Albano les beaux jours de mai, de là je compte te conduire en Toscane, où j'ai des amis. Florence, Sienne, Pise, Livourne, t'offriront tous les attraits de la vie élégante, et ces voyages ouvriront à ton intelligence des aperçus tout nouveaux. Pour t'éviter l'ennui de la solitude, je t'ai choisi une bonne et vertueuse compagne ; tu trouveras en elle expérience, grâce et savoir ; fais-en ton amie, ta sœur ; elle sera pour toi l'une et l'autre.

On arriva à Albano. Alice trouva dans le jardin une jeune femme, mise avec élégance, belle, et qui pouvait avoir vingt-huit ans. Alice fut un instant accablée de caresses : c'était un délire de baisers, une contagion de sourires.

Cette démonstrative personne, qui devait cumuler auprès d'Alice les fonctions de demoiselle de compagnie et d'institutrice, avait été donnée à Bartolo par un ami ; elle était très-propre, disait-il, à former l'esprit d'une pensionnaire encore toute niaise de superstitions, et abêtie par l'atmosphère monacale. Etait-ce là une éducation convenable pour une jeune héritière de quatre-vingt mille écus ?

Mademoiselle Polyxène, née en Toscane, avait été élevée pour le théâtre au conservatoire de Milan. Danseuse à vingt ans, puis transportée, on ne sait comment, sur la scène de Berlin par un magnat hongrois, elle était, quelque temps après, revenue en Italie.

Là, le saint amour de la patrie s'était emparée d'elle, et avait dominé toutes ses pensées ; elle était devenue bientôt un des plus ardents champions de la Jeune-Italie. D'une discrétion à toute épreuve, elle était souvent chargée de transmettre d'une ville à une autre de ces dépêches qui ne peuvent être confiées au papier : c'était le porte-voix des amis de la liberté.

Bartolo ignorait tout cela, et comment l'eût-il deviné ? Une telle jeunesse, un air si franc, un œil si limpide ne pouvaient abriter qu'une âme transparente et pure; elle débitait des maximes si sages, avec une gravité si admirable que Socrate lui eût donné son estime. Enfin, de temps à autre, quelques apostrophes à la résurrection de l'Italie venaient réjouir le cœur patriotique de Bartolo ; il aimait infiniment à parler de son pays, après dîner et assis au frais.

Polyxène ne négligeait pas du reste ses devoirs d'institutrice. Alice avait emporté de San-Dionisio plusieurs livres pieux ; mais, un à un, tous disparurent. Quand elle s'adressa à Polyxène, celle-ci, pour les remplacer, lui remit le *Marco Visconti* de Crossi, les *Piagnoni* de Massimo d'Azeglio et la *Margherita Pusterla* de César Cantù.

— Lisez, Alice, lui dit-elle, et vous verrez comment s'allie la vertu au patriotisme. Oh! mon amie, qui ne sent pas bouillir dans ses veines l'amour de l'Italie, n'est pas digne de respirer cet air qui animait les antiques Pélasges. Voyez autour de nous : c'est Albe, Cori, Ardée, Laurentum, Aricie, partout les souvenirs de Rome, partout les vestiges des peuples, héros du passé qui doivent féconder les héros du présent.

C'était d'ordinaire le matin, à l'ombre des arbres verts, que les jeunes filles faisaient ces lectures, et que Polyxène accompagnait les passages exaltés et les aspirations italiennes des commentaires les plus passionnés. Un jour, comme Alice lisait un ouvrage de Grossi, un jeune homme à cheval vint à passer par l'allée des Capucins. Bien que lancé au grand trot, il put distinguer parfaitement les traits de la jeune fille. Elle était en ce moment tout entière aux infortunes de l'héroïne, enfermée au château de Rosate : les yeux grands ouverts, la respiration saccadée, les joues tour à tour empourprées ou pâles, le front soucieux ou serein, elle laissait se peindre sur son visage la trace fidèle de ses émotions. Au bout de l'allée le cavalier fit volte-face, et repassa plus rapide encore que la première fois. Polyxène ne voulut pas attendre une troisième ; comme l'heure s'avançait, elle interrompit sa lecture, et toutes deux retournèrent à la villa.

Deux jours après, elle causaient, assises sous un massif d'aulnes, près du lac d'Albano. Alice distingua tout à coup non loin d'elles, et au milieu du feuillage, un jeune homme, la palette en main ; il semblait peindre les limpides profondeurs du lac, et ses rives pittoresques.

Il y a dans la contrée tant de peintres allemands, belges ou suisses, enthousiastes de la nature, que le fait n'avait rien de surprenant. Alice jeta néanmoins deux ou trois regards dans cette directien ; elle crut reconnaître le cavalier qui l'avant-veille était passé dans l'allée des Capucins. Elle crut bien aussi qu'en regardant un objet qu'Alice ne put deviner, il poussait de profonds soupirs. Mais qui perd son temps à déchiffrer la bizarrerie des artistes ?

Elles retournèrent à la villa pour le déjeuner. Bartolo y arrivait tout effaré ; il entre, jette son chapeau sur un meuble, s'élance vers le balcon d'où l'on découvre Rome, et se tournant vers les jeunes filles qui le regardaient stupéfaites

— Le Pape Grégoire est mort.

— Mort ? s'écrie Polyxène, mort ! Vive l'Italie !

— Comment faire un Pape, continua Bartolo, comment faire un Pape au milieu de l'agitation universelle ? Le Piémont gronde, les vagues populaires soulèvent les Romagnes, la Toscane est pleine de trahison et ne serre ses amis sur son sein que pour les y étouffer. Naples simule la folie et aiguise son épée dans l'ombre ; la Sicile dort, muette comme Encelade sous l'Etna, mais gare au réveil ! Ce royaume lombard-vénitien, malgré l'opulente prospérité qui semble lui suffire, épie par de là le Pô l'aurore de destinées nouvelles et le bruit du clairon derrière les Apennins. Faire un Pape aujourd'hui ! Un conclave est-il possible ?

Polyxène, à ces mots, s'écria d'un ton décidé :

— Oui, signor Bartolo, il nous faut un conclave. Oui, signor Bartolo, nous aurons un Pape : Pape et conclave sont nécessaires à la résurrection de l'Italie.

— Certes, je ne demande pas mieux, mais qui sera de notre avis ?

— Tout le monde.

— En vérité, vous parlez avec une assurance...

— J'ai mes raisons.

Un domestique vint annoncer que le déjeuner était servi.

Le 6 juin, le comte Pompeo Campello arrivait de Florence à Rome ; et trois jours après, apprenant que Bartolo, quelques amis et Polyxène se trouvaient à Albano, il s'y rendit pour s'entretenir des événements et se délasser quelques jours dans cette délicieuse contrée. On lui fit l'accueil le plus empressé ; les invités étaient nombreux, les conversations animées. Le comte raconta son voyage dans la Haute-Italie.

— J'ai, dit-il, la confiance que notre heure est proche, à nous d'être prêts quand elle sonnera. Conjurations, révoltes ouvertes, soulèvements populaires, effusion du sang, rien de cela ne peut régénérer l'Italie. Les rois se tiennent sur leurs gardes, la surveillance nous paralyse, la suspicion nous enchaîne, les cachots ont raison de nos chefs ; comme résultat, néant. Il faut changer de tactique. Faisons comme les rats de la lagune de Venise, qui surprirent endormi dans la cour du palais ducal, le fameux Lion de Saint-Marc. Ils grimpèrent doucement sur son dos, se cachèrent dans sa fourrure épaisse, et là commencèrent à le mordre. L'animal déchiré entr'ouvrait ses yeux alourdis, les rats alors léchaient les plaies qu'ils venaient de faire ; le lion ne sentant plus la douleur, laissait retomber sa tête entre ses griffes et dormait ; il dormit si bien que les rats le dévorèrent jusqu'au cœur. Comprenez-vous cet exemple? Mêlons le miel à la liberté. Les princes complètent leurs arsenaux, augmentent leur artillerie, sommes-nous dix, ils sont cent, sommes-nous cent, ils sont mille, et mieux exercés, nous n'avons contre eux d'autre poignard que celui de la flatterie ; contre lui pas de cotte de maille, pas de cuirasse ; l'adulation habile, la servilité calculée dissoudront toute puissance. Aussi sommes-nous résolus de n'employer pas d'autres armes ; nous ne leur donnerons que des roses, mais en telle quantité que nous les étoufferons.

— Tout cela est bon pour les princes, s'écria un des convives grisonnant et barbu, mais les Papes, vieux d'ordinaire, et détachés de ces appâts, ne s'y laissent pas prendre ; et si un moine s'asseyait sur le trône pontifical, je ne m'étonnerais guère qu'il ne fit revivre Sixte-Quint, et rouler plus d'une tête des remparts de son château. Au résumé, le Pape Grégoire était bon homme : il avait peur des carbonari, mais quand il les avait logés à ses frais à Saint-Ange, à Civita-Castellana, dans les murs de Spolète, ou les tours d'Ancône, il les laissait en paix ; et s'il eût vécu plus longtemps, il les aurait un beau jour expédiés sains et saufs en Amérique ; mais d'autres hommes peuvent surgir.

— Les Sixte-Quint, répondit le comte, ne m'effraient pas ; cette sauvage figure n'est plus de notre temps. Un Pape nous viendra qui, connaissant les nécessités actuelles, et désireux d'y satisfaire, saura à la fois conjurer la tempête qui gronde sur toutes les monarchies, et laver l'Italie de ses souillures. En somme, il nous faut un Pape au plus tôt ; et si le Sacré-Collége n'a pas perdu la tête, il nous donnera un Pontife qui ne soit ni vieux, ni moine, ni inquisiteur ; qui soit le successeur, non de Grégoire VII, mais de Grégoire XVI ; ce Pape verra que pour dix libéraux enchaînés, mille restent libres et ont juré de sauver l'Italie ou de mourir. Il verra qu'il faut en passer par ces fourches caudines ; et, par l'essor d'une politique généreuse, oubliant les théories en ruine des vieilles monarchies, il fondera l'avenir des peuples en les affranchissant. Donnez-nous ce Pape, et pour les Italiens, il deviendra un dieu.

— Mais ce dieu, reprit Bartolo, ce dieu pourra-t-il servir à vos cœurs affamés autant de liberté qu'ils en désirent ? Vous autres révolutionnaires, vous êtes comme une fournaise : plus on jette d'aliments à votre ardeur et plus elle en demande.

Sur ces mots, les convives se levèrent de table ; le comte s'approcha de Polyxène de la façon la plus naturelle, et passant près d'elle, il murmura à voix basse : — *Jusqu'à la mort* l'Italie a les yeux sur toi. Bartolo sera à Rome pour les élections : *Jusqu'à la mort.*

III

LA LUNE DE MIEL.

Angelo Brunetti, surnommé Civervacchio, était un homme du peuple, grand, vigoureux, joueur passionné, batailleur incorrigible, doué de mollets d'hercule et d'un poignet à casser les côtes ou les mâchoires les plus robustes. Son chapeau en cône tronqué s'inclinait coquettement sur l'oreille gauche, et une ambitieuse plume de coq s'enroulait autour de son couvre-chef. Il était superbe à voir avec son gilet court, sa chemise aux plis bouffants, et sa ceinture de soie rouge.

Sa veste de velours gros-bleu, garnie de ganses et des broderies jaunes, était rejetée sur l'épaule gauche d'une façon toute cavalière. C'est dans cet équipage qu'aux jours de fêtes, il courait les tavernes, jouait aux boules ou dansait la tarentelle et le branle comme pas un du Transtévère. Les filles de la Lungaretta et du faubourg Saint-Francois se mettaient aux fenêtres quand il passait avec ses joyeux compères : pour lui, drapé dans une superbe indifférence, il ne daignait pas s'apercevoir qu'on l'admirait.

Il était charretier de profession, et faisait le transport des vins pour les aubergistes et cabaretiers de Saint-Ange, du Babbuino et du Popolo. Etroitement lié avec tous les bateliers du Tibre, maître des voituriers auxquels il donnait de l'ouvrage, généreux en festins avec eux, le signor Angelo Brunetti passait pour un homme de cœur. Mais sous ces dehors, il cachait des instincts cruels et une âme de traître : vendu depuis 1830 à la secte des carbonari, il avait pour mission de corrompre et d'abrutir la plèbe romaine par la débauche, le jeu, la luxure, et il avait agi avec une si infernale adresse, que les gouverneurs de Rome n'avaient jamais soupçonné ses projets.

Plus clairvoyants, les chefs de la Jeune-Italie avaient reconnu en lui un homme audacieux, rusé, habile, digne de servir la grande cause.

A l'élection du cardinal Mastaï qui prit, en montant sur le trône pontifical, le nom de Pie IX, ils crurent l'instant venu d'élever contre les princes toutes les séductions de la flatterie, de les repaître de louanges, de leur prodiguer la servilité, et de les jeter impuissants et enivrés dans l'abîme savamment creusé. En effet, le pontificat, jusqu'alors en butte à la haine, à des violences héréditaires, devient tout à coup l'idole des populations: ce fut un délire d'enthousiasme. Quand le Pape eut, en juillet, accordé l'amnistie à tous ceux qui étaient prisonniers pour crime de lèse-majesté, il n'y eut plus de bornes aux ovations : on ne savait comment célébrer la gloire, la sagesse, la clémence d'un si grand Pape. Les plumes les plus hostiles, habituées à verser chaque jour leur poison contre les Pontifes, à insulter leur pouvoir, à dénaturer leurs intentions, à calomnier leurs actes, à profaner leurs vertus, à exagérer leurs fautes et à nier leur justice, passèrent de l'insulte à la louange, et pleines encore du fiel de la veille, tracèrent du Pontife Pie IX les éloges les moins réservés.

« C'est du Pape, disait-on, que tout bien découle sur l'Italie : paix, liberté, gloire, puissance, sagesse, civilisation. Les Papes ont repoussé de l'Italie et de l'Europe entière les ténèbres de la barbarie ; de la tiare a lui toute lumière ; elle a éclairé les sciences, inspiré les lois, fécondé les arts ; tout ce que nous avaient légué les Vandales, les Goths, les Lombards, s'est transfiguré aux rayons de cette civilisatrice influence. Grâce à elle, les tyrans ont voulu devenir les pères de leurs peuples, la violence a reculé devant les lois, et les lois ont été la voie de la justice. Dans les Papes, les souverains ont trouvé un bras et un conseil, mais aussi un frein ; les peuples un aiguillon à l'obéissance, un châtiment des révoltes ; et en même temps une protection de leurs droits, une sauvegarde de leurs franchises, un soutien contre les infortunes. Aussi tant que demeura intacte cette puissance, l'ordre fut assuré en Europe ; quand elle se vit contestée ou amoindrie, ce fut une ère de troubles, et les peuples se soulevèrent au vent des révolutions. »

Tout cela s'imprimait sous mille formes, se répandait dans le public, en journaux, en poésies, en brochures ; et les auteurs de ces écrits étaient des hommes connus pour leur hostilité au Saint-Siége et à tout l'ordre sacerdotal.

Les couleurs pontificales, le blanc et le jaune, étaient arborées partout : elles régnaient dans les salons, s'étalaient aux théâtres, rehaussaient l'éclat des femmes les plus élégantes ; tout était jaune et blanc, argent et or.

Bartolo était ivre de joie. Son éducation, son bon sens, la foi qui ne s'était jamais éteinte en son âme l'attachaient aux Papes, gloire et richesse de Rome ; mais son amour pour Pie IX tenait du transport. Il était de toutes les fêtes, de toutes les manifestations, courait, suait, s'empressait, se multipliait pour la plus grande gloire du Pape : sa cravate elle-même faisait de la politique, et portait les couleurs bien-aimées.

Il n'était pas assez imprévoyant du reste pour ne rien craindre ; les menées des libéraux pouvaient amener un mouvement en Italie, il le savait : mais la droiture de ses intentions l'empêchait de croire aux trahisons ; il espérait une résurrection sociale accomplie par des voies honnêtes ; il comptait que les princes italiens feraient plier leur pouvoir devant l'avantage de la nation et accompliraient de leur gré les réformes nécessaires. Il attendait surtout de Pie IX de grandes choses : il lui semblait que l'exemple du Pape entraînerait les autres souverains, paralyserait les mesures violentes des carbonari, éteindrait tout germe de révolte, et comblerait ce gouffre creusé contre l'Eglise et l'ordre de la société. Il n'avait pas sondé la profondeur des perfidies qui épiaient dans l'ombre, il n'avait pas percé les fangeuses ténèbres des sociétés secrètes, et ses rêves couleur de rose lui peignaient la résurrection nationale comme à moitié accomplie.

IV

L'EXPOSITION.

Sur ces entrefaites, Alice était allée avec Polyxène visiter une exposition de tableaux à l'Académie de Saint-Luc. Alice qui sentait instinctivement le beau ne pouvait contempler assez ces merveilleuses peintures : son admiration allait d'une toile de l'Albane à un tableau de Dolci ; d'une vierge du Titien à un portrait de Van Dyck ; le Guide, André del Sarto, Annibal Carrache la remplissaient d'enthousiasme. Polyxène se promenait à quelque distance avec deux jeunes peintres ; ces hommes avaient quelque chose de farouche et de ténébreux ; à leurs regards de feu, à leurs accents passionnés, on devinait qu'ils ne parlaient pas de peinture.

Alice continua à examiner les tableaux ; elle arriva devant un paysage. La toile représentait le lac d'Albano et ses environs : au premier plan, sous un massif de chênes, une jeune fille vêtue à l'italienne était assise sur un quartier de rocher. Alice s'arrêta stupéfaite : cette jeune fille, c'est elle-même ; elle examine, change de place, s'approche, s'éloigne ; c'est bien elle. Elle n'en peut douter ; mais qui a pu la peindre ? mais où ? mais quand ?

Elle avait oublié le cavalier qui au mois de mai était passé dans les allées d'Albano. Elle ne voyait pas, tout entière à la contemplation de la toile, un jeune homme appuyé au fond de la galerie, contre le socle d'une statue, pâle, muet, dont les yeux ardents ne la quittaient pas. Alice lut l'inscription placée sous le tableau ; il y avait *Aser ;* et plus bas : *Premier prix de paysage*. Aser ! quel pouvait être cet homme ? Elle tira de sa poche un carnet d'ivoire, et sur une des feuilles traça d'une main tremblante le nom de l'inconnu. En ce moment accourait

Polyxène, trop agitée elle-même pour deviner le trouble d'Alice.

— Eh bien, ma chère, que dites-vous de ces œuvres? Voilà les gloires italiennes. Que l'étranger les contemple et meure d'envie ; ici la flamme du génie national brûle plus lumineuse que jamais ; qui ne la sent échauffer son cœur, est un Barbare et un Croate.

Après cette péroraison emphatique, les jeune filles sortirent du palais et remontèrent en voiture. Comme elles longeaient la voie Triomphale, ayant à leur droite le monument de Septime Sévère et à gauche le temple de la Concorde.

— Voyez, s'écria Polyxène plus exaltée que jamais, voyez ces restes de la grandeur romaine? Ne remuent-ils pas votre âme? Les vieux fondements qui soutiennent le Capitole furent bâtis par Tarquin ; ainsi la tyrannie n'est que le piédestal de la liberté !

La pauvre Alice restait froide et silencieuse à ces pompeuses tirades ; tandis que son œil distrait parcourait les temples et les colonnades, elle songeait à Aser. Pendant quelques jours, il fut l'unique préoccupation de sa pensée ; puis, vive et jeune, elle se laissa aller au tourbillon des plaisirs de Rome, et y trouva l'oubli du mystère qui avait agité son cœur. Son père, tout fier de montrer sa fille, la menait avec lui dans toutes les réjouissances publiques et dans les fêtes du monde : elle ne manquait jamais le théâtre, fréquentait le Corso aux heures élégantes, était assidue aux réunions où les dames romaines et l'aristocratie étrangère luttaient de magnificence, et à toutes les démonstrations où le peuple romain témoignait au Souverain-Pontife un attachement qui tenait de l'idolâtrie.

Il est certain que depuis le jour où le Christ fit saint Pierre le chef de l'Eglise, jamais l'élection d'un Pape n'avait si souverainement occupé les esprits. Aux beaux temps du pontificat, alors qu'il y avait dans toute l'Europe un seul pasteur et un seul troupeau, Rome avait pu voir des fêtes plus pompeuses, mais elle n'avait jamais connu la sainte ivresse qui dans les premiers moments du règne de Pie IX saisit au cœur l'humanité. Dieu voulait faire éclater sa gloire, montrer au monde comment il sait réveiller la foi qui sommeille, et autour de son flambeau rallumé, réunir les plus rebelles. Il suffit au Tout-Puissant d'un jour, le dix-sept juin 1848, et d'un homme, Pie IX ; il le ceignit de cette tiare qui gisait oubliée, et l'éleva si haut que l'univers n'eut pour ce brusque retour qu'une immense stupéfaction.

Nombre d'hommes prétendent que cet enthousiasme fut excité par des sociétés secrètes. Quelle pitié ! Comme si le monde entier attendait leur mot d'ordre ! Comme si les sociétés secrètes n'avaient pas d'autres œuvres ! Que de leur sein sortent la haine, la cruauté, la vengeance, les trahisons, d'accord ; mais qu'elles excitent la joie, la fidélité, la concorde, tous les nobles sentiments de l'âme, jamais.

Le bien, elles ne le crurent pas, elles l'empoisonnèrent. Les hommes généreux et sincères qui voyaient dans la Papauté le chef de la régénération italienne cédèrent, d'abord par insouciance, puis par faiblesse, le pas à la démagogie ; celle-ci, maîtresse du mouvement, lui imprima sa violence et ses excès. Jamais l'instant n'avait été plus propice à une généreuse initiative. Les hommes furent au-dessous des événements. Jamais l'Italie n'eut à la fois tant de princes bons et cléments ; tous étaient disposés à faire les réformes que pouvait réclamer la grandeur nationale. Les hommes d'Etat ne surent pas en profiter.

Les hommes de désordre l'emportèrent sur la partie saine du pays, non par leur valeur, mais par leur habileté, car le mal a sa sagesse. Il est faux que la masse, qui demandait depuis tant d'années et avec tant d'ardeur la résurrection italienne, fût irréligieuse ou révolutionnaire ; il y avait parmi elle de grandes âmes, qui, amoureuses du bien, auraient fait pour l'obtenir tous les sacrifices compatibles avec l'honneur, mais leur sagesse ne sut pas comprendre que le premier sacrifice à faire à la patrie était de s'unir intimement au Pape, de dépouiller les jalousies mesquines, de se mettre activement à l'œuvre, d'avoir dans leurs paroles et dans leurs actes le courage de leur opinion, et de réserver à leur patrie, pour des nécessités extrêmes, l'holocauste même de la vie.

Les sectes, au contraire, divisées de nom, mais étroitement unies par la communauté de leur caractère et leur but, semblent un seul corps au service d'une âme unique. Elles ont une tête, à elle le conseil ; elles ont des membres dont chacun remplit son office ; l'un est l'œil, l'autre le bras, l'autre la langue ; nul n'empiète sur les fonctions d'autrui. Toutes les classes sociales, toutes les contrées de l'Italie s'y trouvent représentées : le noble s'unit au bourgeois, le citadin presse la main du paysan ; dès qu'il s'agit de conspirer, tous sont frères. Ces hommes ont la hardiesse et la prudence, la promptitude et la dissimulation, la patience et l'élan. Ils bravent l'œil de la justice ; la captivité de leurs complices ne saurait les effrayer ; ils croissent dans les fers, et les supplices les multiplient ; prodigues de leurs richesses et de leur vie, ils sacrifient à la secte jusqu'à l'avenir de leur famille, jusqu'au pain de leurs enfants. Découverts dans une province, ils se réfugient dans une autre ; exilés, ils attendent ; enchaînés, ils espèrent ; et sous la hache du bourreau, ils lèguent à leurs frères la vengeance dans leur dernier regard.

Que l'Italie ne se fasse pas illusion, qu'elle ne croie pas avoir la paix. Aujourd'hui plus ardents que jamais, dans l'ombre des cités, ils couvent de nouveaux desseins, exercent leurs soldats, gourmandent les timides, enflamment les irrésolus, calment les emportés ; l'œil sur les gouvernements, ils épient leurs fautes, les préparent, les augmentent et en profitent. L'hypocrisie leur fraie la route jusqu'aux princes ; secrets des cabinets, desseins des ministres, mystères de la police, rien ne leur échappe ; à l'armée, sur les flottes, dans les villes, ils savent tout, sont partout et marchent à leur but sans repos.

V

LA PRISE DE POSSESSION DE LATRAN.

Au milieu de cette allégresse, de ces fêtes, de ces triomphes, le mois de novembre était arrivé. Une foule d'étrangers de marque se pressaient dans Rome, attirés par les magnificences de la prise de possession.

La basilique de Saint-Jean de Latran avait été disposée à cet effet. Pie IX voulut dans cette solennité rétablir l'antique cérémonial, supprimé après un accident survenu à Clément XIV, et ordonna que toute la cour se tînt à cheval en avant de son carrosse.

Cet imposant cortége était précédé par un détachement de dragons pontificaux. Puis venaient les trompettes suisses avec leur corselet d'acier ; chaque clairon portait un guidon de brocard blanc à frange d'or, sur lequel étaient brodés les clefs et le trirègne.

Les camériers d'honneur suivaient, magnifiquement montés. Ils portaient le costume italien du seizième siècle, le pourpoint de velours noir, à manches ouvertes et a crevés de satin, le haut-de-chausse brodé et les hauts brodequins armés d'éperons.

Sur leur fraise de dentelles s'étalait la croix palatine, et leur tête était couverte d'une toque à plumes de velours noir.

Les camériers ecclésiastiques portaient la grande cape au capuchon garni d'hermine, et cet ample manteau étendait ses flots de soie jusque sur la croupe des coursiers.

Derrière eux venait le collége des prélats vêtus de violet et les évêques coadjuteurs; leurs selles étaient de velours, garnies de vermeil, et le mors de leurs chevaux était d'or.

Enfin le prélat, maître des cérémonies, monté sur une mule blanche et portant la croix.

Six chevaux noirs, montés par des postillons à livrée violette, traînaient le carrosse du Pape. Autour, marchaient les Suisses, armés à l'antique, le morion en tête, la large fraise autour du col, et sur la poitrine la cuirasse aux armes du Pape. Une partie était à cheval; les fantassins portaient la pique, la hallebarde et la hache d'armes.

Suivaient les carrosses de la maison du Pape, et ceux des prélats aux éclatantes livrées. Le sénat romain fermait la marche. Des trompettes et des hérauts portant *l'Armilla,* et sa fameuse devise : S. P. Q R; des massiers précédaient les voitures.

Dans la première était le président du sénat en grand costume; dans les autres, les dignitaires en costume de velours noir brodé d'argent.

Aux portières, en grande livrée jaune et rouge, se tenaient les valets du Capitole.

Rome toute entière faisait cortége au Pape depuis le Quirinal jusqu'à Saint-Jean de Latran. Partout sur son passage chaque main, chaque voix lui portait l'expression de la joie publique et de l'amour universel. Pour lui, il répondait au peuple avec un sourire céleste et la bénédiction de Dieu.

Alice avait vu d'un balcon ce majestueux spectacle ; mais, quand le Pontife fut passé, elle voulut le contempler encore, et pria son père de la conduire sur la place Trajane où demeurait une de leurs amies. Ils se hatèrent : mais la foule était trop épaisse, et avant qu'ils pussent la percer, les dragons de l'avant-garde refoulaient déjà le populaire.

Bartolo dut se réfugier avec sa fille contre le mur d'une maison. Le front des cavaliers tenait presque toute la largeur de la rue : tout à coup un mouchoir tombe d'un balcon ; le cheval d'un dragon s'effraie, fait une volte et se cabre ; il allait retomber de tout son poids sur Alice, elle pousse un cri ; soudain, un jeune homme se précipite sous le cheval ; enlever la jeune fille, fendre la foule avec son fardeau, le mettre en sûreté sous un portique et disparaître, furent pour l'inconnu l'affaire d'un instant.

Mais il était blessé : le sabot ferré du cheval était retombé sur l'épaule du jeune homme. Mordant sa lèvre et dévorant une larme de douleur, il se jeta au milieu de la foule, et voulut gagner sa maison ; mais à peine avait-il fait quelques pas que le mal domina son courage, il tomba sans connaissance sur le pavé. Deux hommes du peuple le portèrent dans une pharmacie voisine, un médecin fut appelé. On voulut lui ôter ses vêtements; mais la partie blessée et le bras avaient tellement enflé, qu'il fallut couper la manche de son habit et de sa chemise. Ils bassinèrent la plaie d'eau de Saturne, et adoucirent l'ardeur de la blessure.

En déshabillant le jeune homme encore évanoui, on avait vu briller autour de son cou une miniature cerclée d'or et enrichie de brillants.

Nul ne connaissait la personne que représentait cette peinture, quand un prêtre, accouru au bruit de l'accident, s'écria :

— C'est bien elle!

— Qui? demanda le médecin.

— Mais, la fille de Bartolo Capegli, ce riche bourgeois qui habite le Corso.

Sur ces entrefaites le blessé reprit ses sens; son premier mouvement fut de chercher le médaillon, et de le retourner contre sa poitrine pour cacher le portrait aux regards; sur le revers était écrit : *Senza speranza* (1).

On lui demanda son nom et son adresse, pour le faire reconduire chez lui; il répondit :

Je suis Aser, et j'habite la rue *Della-Vite.*

(1) Sans espérance.

VI

PREMIERS INDICES.

Pendant que la population toute entière acclamait le pontificat nouveau et confondait ses rangs dans une universelle tendresse pour Pie IX, les hommes sagaces devinèrent à certains indices les sociétés secrètes et commencèrent à douter de l'avenir. Cicervacchio ne cessait d'enlever au travail le peuple de Monti et du Transtévère; il l'entraînait dans les tavernes et les brelans, où l'on criait *vive Pie IX*, au milieu de l'orgie.

Ce culte si ardent pour le Pape avait son temple le plus célèbre dans le café des Beaux-Arts, dans le bureau de tabac du citoyen Piccioni, dans quelques ateliers d'artistes et sous les portiques de la *Sapienza*. On y chauffait si merveilleusement l'enthousiasme que les plus froids, embrasés à leur tour, couraient répandre dans les rues de Rome les étincelles de cette nouvelle ardeur.

De là sortaient avocats, bacheliers, médecins, peintres, barbouilleurs de papier, courtauds de boutique, candidats à la gloire qui ne pouvait manquer de les venir chercher ; tous, messagers infatigables, couraient la ville, se croisaient, interrogeaient, répondaient et s'attroupaient pour crier l'éternel refrain :

— Vive nous ! et vive le monde ! l'aurore s'avance et nous éclaire, le soleil darde ses rayons sur les hautes cimes de l'Italie. O la plus favorisée des nations, déjà brille le plus beau fleuron de ta couronne. Voici Pie IX, agenouille-toi et espère !

Bartolo nageait dans la joie :

— Voyez, disait-il à ses amis, ce peuple à l'œuvre ! Quel réveil de sa longue léthargie ! Ah ! si dans son cœur vivent encore les vertus antiques, de magnifiques destinées attendent l'Italie. Que sont les Cantons suisses à côté de notre Péninsule ? Les plus vastes, les plus populeux ensemble n'égalent pas la moitié du Piémont ou de la Toscane ; et cependant, unis et confédérés, ils forment l'Helvétie, peuple glorieux qui regarde les rois en face, et marche l'égal des plus fières nations.

Faites une ligue italienne, sous la présidence du Pape ; avec Rome pour capitale, et l'Italie moderne sera digne de l'ancienne. Chaque Etat doit être souverain, se régler par ses propres coutumes, obéir à ses lois nationales, mais s'unir aux autres par un pacte fédéral, décréter l'unité de monnaie, de poids et mesures ; chacun aura son armée indépendante, mais toujours prête à secourir les fédérés qui en auraient besoin ; enfin la Diète doit avoir droit de paix et de guerre.

— Tout cela est fort beau, riposta un jour un abbé qui assistait à un de ces entretiens, mais pourquoi ne pas laisser aux princes italiens l'initiative de cette confédération ? Je ne puis m'expliquer que des épiceries, des cafés, des cabarets aient surgi tout à coup tant d'hommes d'Etat, des politiques si profonds, prodigues d'avis sur les questions les plus délicates. Pour moi, tandis qu'on célèbre les Romains devenus des Brutus, et les Romaines transformées en Cornélies, je vois errer dans nos murs des visages sinistres, qui ne présagent rien de bon. La populace est enlevée au travail ; qui la nourrit? Les fêtes se succèdent ; quelle main fournit à ces dépenses ? Et d'où vient l'or qu'on répand? L'an dernier l'affection du Pape était universelle, et tous les citoyens s'étaient unis dans une étreinte fraternelle. Aujourd'hui l'on commence à parler de partis, de factions ; on murmure déjà les noms de *noirs* et de *blancs*, de *progressistes* et de *rétrogrades*, de *papistes* et de *libéraux*. Ne parlez pas d'une confédération italienne : nous sommes aux jours des Guelfes et des Gibelins.

Il sortit à ces mots ; à peine fut-il dehors, qu'un murmure général s'éleva où l'on distinguait ces exclamations : Arrière, aveugle, calomniateur du peuple romain ! Voilà pourtant le clergé ! D'un siècle en arrière sur la civilisation moderne ! Il sait les Décrétales et le concile de Trente ; mais la vie, il ne la soupçonne même pas.

Cependant le printemps de 1847 couronnait les belles collines du Latium ; il répandait à l'entour sa joie, ses fleurs et ses parfums. Les villas romaines déployaient à l'envie la pompe de leur verdure, la grâce de leurs jardins, la fraîcheur de leurs eaux ; et, vers le soir, les plus célèbres étaient le rendez-vous de joyeuses compagnies qui faisaient au milieu des prés et sur les bords des lacs de champêtres repas.

La politique trouvait toujours moyen de se glisser au milieu des flacons ; on buvait à la louange de Pie IX, aux espérances de l'Italie, aux moyens à prendre pour opérer plus vite la résurrection de la patrie.

Mais ces réunions partielles ne suffirent bientôt plus à l'enthousiasme : il fallait sortir du cercle étroit de sa caste et de ses relations, pour s'enrôler dans la majestueuse et indivisible unité des patriotes. On imagina des banquets publics qui réuniraient plébéiens, bourgeois, nobles. Cicervacchio et quelques drôles de son espèce furent chargés de les organiser. Ce fut tout autour de Rome le signal de repas, dîners, goûters, collations, à faire oublier le festin d'Assuérus, lequel dura pourtant cent quatre-vingts jours, dit l'histoire.

Un matin, le docteur Sterbini, médecin de Bartolo et son ami, vint le trouver et lui dit :

— Voyez la joie de Rome et l'animation du peuple, les temps approchent : déjà nos réunions rappellent les banquets des Spartiates où la jeunesse de Lacédémone puisait son amour de la patrie, ses aspirations généreuses, son invincible courage aux combats. Vous avez toujours favorisé ces manifestations patriotiques de votre présence et de votre argent ; aujourd'hui ce n'est pas cela que vous demande le comité populaire ; il serait heureux d'offrir un grand repas politique à nos amis, et si vous voulez nous recevoir, votre belle vigne de Ponte-Molle sera le théâtre du banquet.

Bartolo répondit qu'il était heureux d'offrir ce faible gage de dévouement à la patrie.

— Bravo ! s'écria Sbertini, je vous prends au mot. Sur ce, adieu, ne me reconduisez pas, je vous prie, votre table est chargée de comptes, financier que vous êtes ; je passe chez mademoiselle Polyxène, elle souffre un peu de la tête. Restez, vous dis-je ; entre amis l'on ne fait point de cérémonies.

Laissant Bartolo, le docteur sur ces mots entra dans la chambre de Polyxène, ferma avec soin la porte, jeta autour de lui un regard scrutateur, et accourant à la jeune fille :

— Ma chère amie, nous voguons à toutes voiles ; tout conspire avec nous. A Vienne la mine est prête, il ne reste plus qu'à y mettre le feu ; nous le ferons à l'improviste ; notre réseau étreint l'Allemagne, et la France fera sauter demain Louis-Philippe, son Machiavel en main. Le Piémont, la Toscane sont comme un lac où seraient tendus d'immenses filets : ni grands ni petits n'échapperont, car les mailles sont fines et les lac à l'épreuve. L'or de l'Angleterre sert d'appât aux hameçons ; les Juifs d'Italie, d'Allemagne, de Pologne, de Bohême, de Hongrie, mettent à notre service, argent, imprimeries, livres, gravures ; ils nous donnent mieux encore, des hommes de tout âge et de toute condition qui, voyageant sous prétexte de trafic, sont partout, épient chaque événement, scrutent chaque mystère, et comme une électricité vivante nous font tout savoir.

— Vous vous fiez aux Juifs, sécria Polyxène, à cette race abaissée, ignorante, avide et lâche qui, pour quatre deniers, deviendrait votre Judas?

— D'accord, repartit le docteur ; ce n'est pas la grandeur d'âme, la générosité, la communauté de sentiments qui les unit à nous, c'est la rage de Judas leur ancêtre. Pour que l'Europe dans un jour de réveil crucifiât de nouveau le Nazaréen, ils donneraient jusqu'à leur vie. Au reste, vous comparez les Juifs d'outre-monts à ceux de l'Italie; vous les croyez misérables, abrutis, esclaves, c'est une erreur ; ils sont instruits, indépendants, riches, fréquentent les universités, sont reçus dans les réunions les plus distinguées, ont des vaisseaux dans tous les ports, des banques dans toutes les capitales, obtiennent les plus hautes fonctions politiques, et seront demain gentilshommes de la chambre dans le palais des rois. Courage, Polyxène, tu verras bientôt nos amis de Livourne; *la légion de la mort* nous enverra quelques frères ; nous attendons *le lion* d'Ancône, *le tigre* de Rieti, *le dragon* de Pérouse et *l'âme désespérée* de Viterbe, ces quatre derniers seuls en valent mille. Pour vous, n'oubliez pas Alice ; votre œuvre est de la former. Les femmes sont nécessaires à notre entreprise : elles ont mille moyens de conduire leurs maris et leurs fils ; elles gouvernent au logis, dirigent les conversations à leur fantaisie, attirent, charment, séduisent ; leur beauté, leur grâce, leur esprit, les font régner partout ; sans elles notre mission est vaine. Or, les dames romaines ne savent que couver la cendre de leur foyer, débiter des patenôtres et courir les sermons.

— Que voulez-vous, cher Sterbini ! Alice ne me donne pas grand espoir. Je ne la laisse pas fréquenter les jésuites et user les grilles de leurs confessionnaux, mais les religieuses de San-Dionisio ont déposé dans son âme une sorte de fétichisme pour la Madone. Elle n'a que sa Madone en tête, et je fais des efforts constants pour la débarrasser de cette superstition ; je lui donne à lire les livres que vous savez ; je lui procure les journaux de la Jeune-Suisse, *le Juif-Errant*, *la Religion de l'avenir* par Feurbach, les poésies de Georges Herwegh, les harangues de Westling et de Marr. A chaque fois, frémissements, scandales, signes de croix. Jusqu'ici je n'ai pu encore qu'étourdir son cœur, porter sa jeune imagination vers les plaisirs et les fêtes dont vous remplissez Rome : ce n'est du reste qu'une enfant.

Vous savez qu'à la prise de possession à Latran elle faillit être écrasée par un cheval, qu'un jeune homme la sauva et fut blessé lui-même. C'était un étranger du nom d'Aser. Alice l'apprit ; depuis ce jour elle est rêveuse, distraite, pensive et fuit le monde. Ce jeune homme l'aime avec passion : toujours sur nos traces, il nous précède aux théâtres, reçoit à nos côtés les bénédictions du Pape au Quirinal ; dans les fêtes du Corso, il est en face du balcon d'Alice, toujours seul, toujours taciturne. Il est beau, un grand front, des yeux pleins de flammes, un costume à l'italienne, et une plume noire au chapeau. Reconnaissez-vous ce portrait?

VII

ASER.

— Aser, ma chère amie, est un mystère pour tous ; on ne connaît de lui que son grand cœur, son dévouement à l'Italie, son mépris du péril, et son habileté dans les menées secrètes de notre parti. Il est capitaine et duc de la *cohorte sacrée,* et dispose d'hommes résolus, expérimentés, également propres à combattre à ciel ouvert ou en secret. Il enrôle les échappés des bagnes, les voleurs, les hommes tarrés, les assassins, les vagabonds, les misérables rongés par l'usure ou flétris par la banqueroute, qui deviennent de la chair à canon. Ils s'élancent contre les dangers avec un désespoir aveugle, et comme ils n'ont rien à perdre, marchent tête baissée, et, vainqueurs ou vaincus, demeurent toujours obscurs et méprisés, propres seulement à nous couvrir de leurs poitrines, ou à nous faire un chemin de leurs corps. Aser, pour les soudoyer, vaut son pesant d'or ; et les cardinaux ne se doutent guère des bataillons qu'il a déjà rassemblés.

Mais quel est cet homme ? nul ne le sait. Suivant la version la plus accréditée, ce serait un fils naturel de quelque grand prince du Nord, et, de fait, quand il arriva à Rome, son passeport était daté d'Hambourg, et ses lettres de crédit signées par les premiers banquiers des villes hanséatiques; il était recommandé à plusieurs consuls; on a remarqué qu'il fréquentait intimement lord Minto, et évitait le ministre de Russie et surtout l'ambassadeur d'Autriche. Ses dépenses sont considérables, son train somptueux; il aide de sa bourse les artistes, surtout ceux de Prusse, de Suède ou du Danemark; plusieurs langues lui sont familières, surtout le français, l'anglais et l'italien qu'il prononce avec une douceur et une perfection d'accent impossibles à un gosier tudesque. Il est musicien, chante avec charme, peint comme un maître, et monte à cheval comme un écuyer consommé.

— Certes, interrompit Polyxène, voilà un jeune homme accompli; c'est grand dommage qu'on ignore son origine.

— Et qu'importe? si nous le voulions, nous connaîtrions son père, sa mère, ses parents jusqu'à la quatrième génération. Mais l'important est qu'il nous aide. Il est l'ami de Mazzini, de Ruffini, de Rosalès, entretient une correspondance suivie avec les chefs de la Jeune-Allemagne, est le confident des régénérateurs de Berne, de Lausanne, de Genève et des autres cantons. En un mot, c'est une perle pour nous. Courage donc, Polyxène, et préparez-vous à servir cette Italie dont nous voulons ranimer le cadavre.

A ces mots le docteur sortit.

VIII

LE BANQUET CHAMPÊTRE.

Bartolo devint l'homme le plus affairé du monde, pour apprêter sa vigne; les allées furent sarclées, sablées, ratissées, les gazons tondus, les lauriers émondés, les fontaines visitées; partout les ciseaux des jardiniers coupèrent la trop luxuriante végétation du printemps. Des peintres, des ébénistes, des décorateurs furent appelés, et il vint dans la vigne tant d'ouvriers de tous métiers, tant de toile, de damas, de tentures et d'étoffes, que la moitié de Ghetto (1) semblait s'y être donné rendez-vous.

Au milieu de la vigne fut dressé un immense pavillon de forme ronde, en toile rayée blanche et jaune; un mât le supportait, terminé par une énorme boule d'or : sous la tente rayonnaient des cordes de soie soutenant des lustres à girandoles de cristal. Partout scintillaient les glaces, partout se déployaient les drapeaux, partout les fleurs répandaient leurs parfums. Sous cette magnifique rotonde s'étendaient les tables chargées de plantes

(1) Quartier des Juifs à Rome.

et de fruits. En quatre endroits de vastes loges étaient destinées aux dames et aux jeunes filles romaines qui devaient embellir la fête de leur présence. Au lieu de s'asseoir aux tables, elles trouvaient là, sur des guéridons de marbre, des fruits et confiseries de toute espèce.

Au jour fixé, une foule énorme sortit de Rome chantant et vociférant; elle s'étendait de la porte du Peuple jusqu'à la vigne de Bartolo, le grand Cicervacchio guidait ses flots tumultueux. Puis venaient dans des carrosses des artistes de toute nation et de tout genre, peintres, sculpteurs, mosaïstes, ciseleurs, joailliers, et jusqu'aux *modèles* (1) et aux broyeurs de couleurs. Enfin les officiers, les fonctionnaires et les magistrats de Rome, les marchands des divers corps de métiers, les citadins, les nobles, les patriciens, les princes de tout rang. C'était un mélange, une cohue, une confusion fraternelle et inouïe de toutes les classes de la société. Cicervacchio était le lien sympathique et touchant entre chaque ordre et chaque caste. Ici il serrait la main d'un prince, ici prenait le bras d'un duc, là embrassait un comte ou pressait un marquis sur son cœur. Il saisissait un banquier par le menton, un colonel par les moustaches, prenait les magistrats par la taille, et leur imprimait ce gracieux mouvement d'oscillation d'usage envers les enfants en nourrice. Entre ces galanteries, il parcourait le pavillon, prodi-

(1) En terme d'atelier, *modèle* signifie un individu qui *pose* devant les peintres ou sculpteurs, et leur sert à étudier la structure ou les attitudes du corps humain.

guant les coups de poing aux portefaix, aux charretiers, aux matelots, en disant : — Allez, mes fils, criez donc : Vive Pie IX, vive l'Italie !

— Vive maître Angelo, notre tribun du peuple ! hurlaient d'un côté les corroyeurs de la Regola. Vivat ! répétaient de l'autre les hommes de Monti.

Un certain nombre de jeunes élégants étaient chargés de recevoir et d'introduire les dames. Ils étaient tous vêtus à l'italienne, en velours noir, le chapeau à plumes sur la tête et la dague au côté. Aser était ce jour-là plus beau et plus brillant que jamais ; ses moustaches frisées, sa barbe à la Van Dyck, ses cheveux taillés en couronne comme le Buondelmonti de Cimabué, le faisaient ressembler à un Italien du moyen-âge. Il conduisait les dames à leurs loges, puis redescendait hors du pavillon avec une rapidité fébrile ; il avait l'air soucieux, et ses regards se tournaient fréquemment vers la grille d'entrée de la vigne.

Quand Bartolo la franchit avec Alice et Polyxène, Aser s'élança à la portière de la voiture et offrit à Alice la main pour l'aider à descendre. Polyxène était déjà en avant, conduite par un jeune homme de Rimini ; Aser ne sut que dire à la jeune fille :

— Vous êtes arrivée sans encombre, mademoiselle ?

— Oui, fut-il répondu, le trajet est si court, la journée si charmante et la saison si belle !

On arrivait à la loge.

Bientôt les convives du grand pavillon prirent place autour des tables : des orchestres cachés derrière les galeries jouèrent leurs motifs les plus entraînants, et le festin commença. Au milieu des dames circulaient des pâtisseries et des glaces. Les jeunes hommes s'empressaient à remplir leurs devoirs de cavaliers servants. Seul, Aser, debout derrière Alice, les bras croisés sur la poitrine, restait immobile, attentif seulement à ce que la jeune fille ne manquât de rien.

Tout à coup un Polonais nommé Kasemirsky, un de ces bretteurs insolents dont le bonheur est de chercher querelle à tout le monde, s'approcha d'Aser et lui dit brutalement :

— Que fais-tu là, lécheur d'assiettes? Voilà, sur ma parole, une belle jeune fille.

Aser lui lança un regard de feu, mais ne bougea pas. Irrité, Kasemirsky lui donna un violent coup de coude en s'écriant :

— Arrière donc ! c'est ma place.

Il n'eut pas plus tôt dit qu'il était saisi, étreint comme dans un étau, soulevé de terre, et jeté à bas de la loge. A ce spectacle, trois autres Polonais se précipitent, le poignard tiré, sur Aser ; celui-ci dégaîne à son tour, et se défend sans mot dire et sans rompre d'une semelle contre ses quatre assaillants. Mais quelques jeunes gens de la Romagne ou de la Sicile accourent, séparent les combattants et les entraînent chacun de son côté. Kasemirsky se retournant vers Aser, lui cria :

— Demain, au pistolet !

Dans le pavillon, la richesse, la profusion, la belle ordonnance du festin excitaient l'admiration. Les étrangers accourus à cette solennité célébraient la grandeur romaine également saisissante dans les actes publics et les manifestations privées.

La réunion, pour la plupart des convives et des spectateurs, n'était qu'une promenade printanière, une joyeuse matinée de mai, un touchant témoignage de la félicité publique sous le règne de Pie IX ; et cependant elle devait devenir, dans la pensée des sectaires, une manifestation éclatante de la plus noire conjuration contre le plus paternel des princes, le plus doux des vicaires du Christ. Au bruit du festin se mêlaient de temps à autre des voix fatidiques de prophètes nouveaux, qui entonnaient l'hymne de l'Italie ; des poètes chantaient déjà, sûrs de l'avenir, les futurs triomphes de Rome.

A chaque strophe, le grand Cicervacchio envoyait ses émissaires dans toutes les galeries, et faisait crier au peuple : Vive Rome ! vive l'Italie !

Cependant la scène dont Alice avait été l'occasion s'était répandue et, comme d'ordinaire, exagérée. La jeune fille s'était aperçue à peine de la violente mais courte altercation des deux jeunes gens ; mais l'ombre d'un prétexte est une matière suffisante à la jalousie des mères et à l'envie des jeunes filles.

— Avez-vous vu ? se disaient les charitables personnes ; si jeune encore et déjà si effrontée ! se commettre avec des aventuriers ! Etait-elle fière d'avoir derrière elle un si beau valet ! elle prenait des airs de candeur et ne levait jamais les yeux sur lui, la petite masque !

Et l'on rappelait chaque incident qui pouvait prêter à scandale.

Kasemirsky n'avait oublié ni sa fureur ni le défi jeté à Aser. Il lui fit parvenir un billet; c'était un rendez-vous pour le lendemain dans les ruines, derrière le temple de San-Stephano. Il engageait son adversaire à amener des témoins et lui laissait le choix des pistolets. Les deux jeunes gens arrivèrent à l'heure dite : on abandonna les voitures dans les prés de la Navicella, on gagna un fourré, les pistolets furent chargés et les combattants s'écartèrent.

Mais Polyxène avait eu vent du duel; au moment où les adversaires prenaient place, deux jeunes gens, envoyés par elle en toute hâte, s'élancèrent entre Aser et Kasemirsky, les suppliant de ne pas disposer de leur vie dans les instants si décisifs pour la patrie; de la conserver pour vaincre l'étranger, pour délivrer l'Italie de ses chaînes; après avoir, pour ce divin labeur, abandonné chacun sa patrie, ils étaient devenus tous deux Italiens et frères; ils devaient se rappeler leurs serments, et considérer que si l'un d'eux périssait, il manquerait un champion dans la phalange des forts.

Aser répondit froidement :

— Mon sang, je l'ai déjà consacré à l'Italie; dites à la femme généreuse qui vous envoie que je pardonne à monsieur, bien qu'il m'ait outrageusement offensé.

Kasemirsky partit d'un grand éclat de rire.

— Votre magnanimité sent la peur, merci! pour moi je suis

en disposition de me battre et de vous tuer. Nous allons, monsieur, nous bander chacun les yeux et nous tirer à bout portant.

Les témoins s'opposèrent à la résolution de ce forcené, et exigèrent cinq pas de distance. On banda les yeux des deux rivaux, et l'on demanda au sort lequel devait tirer le premier : le hasard favorisa Kasemirsky. Un coup de feu partit, et la balle frôla les cheveux d'Aser ; le jeune homme était resté impassible. A son tour, il mit en joue; mais au lieu de diriger son arme contre la poitrine de son ennemi, il releva le bras et tira en l'air en s'écriant :

Vive l'Italie !

IX

LES SOCIÉTÉS SECRÈTES.

Pour peu qu'on examine l'état de la société, et qu'on cherche dans l'histoire des nations européennes, même dans les événements dont on a été le témoin, la cause de tant de bouleversements en si peu d'années, on reconnaîtra que ce sont là les manifestations d'une force unique et constante.

Cette force, ce sont les sociétés secrètes.

L'Europe n'est plus aujourd'hui ignorante de cette puissance qui mine l'édifice social jusque dans ses fondements ; les rois la connaissent, tous les régimes luttent contre elle, et néanmoins, à chaque ébranlement nouveau, on s'étonne, on demande à soi-même et aux autres d'où vient la secousse ; puis on se replonge dans une sécurité béate, où l'on n'est pas plus tôt, qu'une nouvelle tempête se déchaîne, renverse les trônes, et emporte avec elle tout ordre religieux et civil.

Cela, nous l'avons vu partout depuis quelques années. La France en 1830 brise d'un coup le trône de saint Louis ; Charles X, son roi, reprend le chemin de l'exil, et Louis-Philippe monte sur le trône, poussé par une minorité dont l'audace avait remplacé le nombre.

L'Espagne, après les mouvements de 1820, vivait sous le gouvernement de Ferdinand VII ; ce prince meurt ; la loi salique est violée, le sceptre tombe aux mains d'une enfant ; son oncle don Carlos devient son rival ; dès lors l'agitation, la guerre, une déplorable instabilité compromettent le pays. Michel de Bragance règne paisiblement sur le Portugal ; Pierre son frère, empereur du Brésil, est chassé par ses sujets ; il cingle vers l'Europe avec une escorte plus digne d'un pirate que d'un prince, débarque à Oporto, marche sur Lisbonne, attaque son frère qui avait entre ses mains toutes les forces du royaume, le bat, le détrône, l'exile.

Depuis 1831, l'Italie se livre aux conspirations, prend les

armes, et pousse vers l'indépendance des cris désespérés. L'Autriche a plusieurs fois contenu le mouvement, mais elle ne l'a pas éteint : la flamme sommeille pour s'élancer plus haut. Elle-même, le pays de la plus antique et de la plus sage liberté en Europe, la Suisse a senti depuis trente ans les atteintes de l'incendie.

Toutes ces convulsions subites ont étonné ceux qui étaient le mieux à même de les prévoir ou de les prévenir. Les sociétés secrètes agissent, et quand leur œuvre est faite, on leur crie :

— Traîtres! impies! rebut des hommes!

— Soit, mais cela ne les empêche pas d'être audacieux, prudents, astucieux, habiles. Ils en sont arrivés à ce point qu'ils n'ont plus besoin de mentir : ils déclarent leurs projets : plus de Christ, plus d'Église, plus de rois, plus d'autorité. Ils arment pour exécuter leur programme ; quand ils auront réussi, que serviront les hélas?

Arriva le mois de juin 1847, et Cicervacchio déploya toute son activité à faire dresser sur la place *del Popolo* un grand trophée, en commémoration de l'amnistie accordée par le Pape aux condamnés politiques. Rome tout entière s'en occupait avec lui, et l'on ne songeait qu'à embellir une solennité qui devait effacer toutes les précédentes. Arcs de triomphes, statues majestueuses, portiques gigantesques, devaient former comme un temple immense à l'immortalité.

Mais tandis que le peuple courait à ces spectacles, la Jeune-Italie s'apprêtait dans l'ombre à immoler la liberté romaine.

Rome, ainsi l'avait décidé Mazzini dans la conférence du 4 mars tenue à Paris avec les coryphées du socialisme, Rome devait être le foyer, secret d'abord, puis éclatant de toute conjuration contre les anciens gouvernements de l'Italie. Nul royaume n'était aussi propre à cette sacrilége entreprise ; Rome, siége de la Foi, demeure du chef de l'Eglise, reine de la chrétienté, ne pouvait être ébranlée sans faire vaciller avec elle la Péninsule et toute l'Europe.

Déjà étaient descendus des Alpes et parvenus à Rome les satellites les plus ardents du parti. Pour échapper aux investigations de la police, ils changeaient de demeures, de noms et de costumes : tantôt sous un vêtement italien ; tantôt vêtus en fashionnables ; aujourd'hui prêtres, demain marchands ; ainsi ils étaient en rapports continuels avec le peuple, et profitaient de la curiosité qui domine la plèbe romaine, pour l'enrôler dans leur parti.

Mais le centre de l'iniquité était derrière la Lungara ; c'est là qu'on se réunissait chaque nuit, qu'on tramait les séditions et les assassinats, là qu'on désignait les victimes vouées à la vengeance de la secte (1). Satan y avait son autel ; et son culte s'élevait, par une permission mystérieuse de la sagesse divine, en rival de celui du Tout-Puissant. Il était adoré, recevait l'encens et les prières ; son nom présidait à des mystères obscènes, à des

(1) Depuis 1851, ce ne sont plus des mystères. Les procès ont dévoilé des monstruosités plus grandes encore commises à Rome par les ordres de l'affiliation.

cérémonies monstrueuses. Toute la nuit, autour de son autel, dansaient douze courtisanes, dignes prêtresses d'un tel culte. Oserai-je le dire enfin? Les misérables allaient le matin, recueillies et mains jointes, recevoir dans les temples l'Agneau sans tache; puis inclinant la tête sur leur mouchoir, y déposaient l'hostie pour la porter le soir à l'abominable rendez-vous, offrir au démon le corps de son ennemi, transpercer les hosties de coups de poignards, et les jeter sur le feu de l'autel, en holocauste à Satan (1).

Ces sacriléges se commettaient presque chaque nuit dans Rome, sur ce Janicule où Pierre fut mis en croix pour son amour et sa fidélité à Jésus, sur cette terre baignée du sang de tant de martyrs; près de la chaire de vérité, sous les yeux du saint Pontife. Pour lui, prosterné devant le Christ, il passait ses jours à prier pour Rome, il demandait à Dieu d'illuminer les esprits, de toucher les cœurs, de faire cesser les désordres qui souillaient la capitale du monde. Et cette Rome aveu-

(1) On a prétendu ces faits *faux* et *impossibles;* et voici que Proudhon met hors de doute la *démonolâtrie*, et qu'il se consacre lui aussi à Satan. Ecoutez-le : « Viens, Satan, viens, le calomnié des prêtres et des rois, que je te serre sur ma poitrine. Il y a longtemps que je te connais et tu me connais aussi. Tes œuvres, ô le béni de mon cœur, ne sont pas toujours belles, ni bonnes; mais elles seules donnent un sens à l'univers et l'empêchent d'être absurde. Que serait sans toi la justice? un instinct; la raison? une routine; l'homme? une bête. » Et pour n'être pas une bête, Proudhon adore Satan, l'aime, et attend de lui le prix de ses vertus, puisqu'il s'écrie : TU METS LE SCEAU A LA VERTU!

gle était toute à ses fêtes, dansant sur le volcan qui allait l'engloutir (1).

X

LA CONJURATION DU 17 JUILLET.

Cependant Polyxène était de la plus noire humeur. Alice, depuis le célèbre banquet du mois de mai, était tombée dans une sorte de mélancolie qui touchait à la langueur et à la tristesse ; elle sortait rarement, les fêtes ne l'attiraient plus ; seule dans sa chambre elle s'y plongeait dans de longues lectures ; Balzac était son auteur favori. Mais la fièvre et une agitation nerveuse l'ayant saisie, elle avait dû, sur l'avis des médecins, garder le lit. Polyxène, forcée d'être toujours auprès d'elle, n'était plus libre de sortir à sa guise pour la grande cause qu'elle avait embrassée. Sterbini était hors de Rome, et répandait la corruption dans les provinces herniques. Ne voyant aucun moyen de s'échapper sans donner l'éveil à Bartolo, et compromettre le secret absolu dont elle environnait ses démarches,

(1) Il s'est fait un grand bruit de cette peinture en Italie. Plusieurs y ont vu matière à scandale et l'ont traitée de vision. Mais les recherches faites par la justice ont fait découvrir la maison où se commettaient ces sacriléges, et plus d'un des profanateurs est encore en prison. Depuis, on a trouvé un second repaire, et la plume se refuse à décrire les actes exécrables qui s'y commettaient.

résolut de faire tenir un billet à un nommé Agostini, courrier de la secte, qui, pour ces services, valait son pesant d'or.

Elle profita d'un instant où Alice s'était assoupie, pour écrire à la hâte les lignes suivantes :

« Ami et fidèle Italien,

» Je suis au désespoir : vous, Pinto, Guerrini, tous les frères, me laissez sans nouvelles, et le bruit se répand que nos projets sont découverts. Maudite soit la police avec ses mille yeux ; maudits Freddi et Nardonni qui en ont bien cent chacun. Que faire ? il faut les leur crever. Mais, de grâce, ne demeurons pas les bras croisés et les mains vides. Croyez-vous chasser l'étranger à coups de chapeau et tenir sans armes les *noirs* en respect ? Ces noirs aboieront toujours tant qu'ils nous verront immobiles ; mettons l'arme au bras, et ils battront la chamade.

» Pie IX est pape, soit ; mais quand nos frères lui juraient fidélité sur leur honneur ils n'avaient ni épée ni baïonnettes ; qu'ils les aient, et avec elles nous trancherons tous les serments !

» Il faut que je vous voie, vous devinez quelles précautions m'impose mon sexe : agissez donc avec la plus extrême réserve. Si Alice s'endort, et que son père soit couché ce soir, à minuit la troisième fenêtre du second étage sera ouverte. Entrez alors sous le portique, il est toujours ouvert ; tournez à main gauche, vous trouverez une porte donnant sur une cour borgne, et dans cette cour une seconde porte ; elle communique à un escalier secret qui conduit à mon cabinet de travail; les gonds sont huilés et ne crieront pas, et personne ne peut vous voir.

« Adieu, je compte sur vous.

« Liberté et fraternité,

« L'AMÉTHISTE. »

L'Améthiste était le nom de guerre de Polyxène, selon l'habitude des sociétés secrètes où chacun a des pseudonymes et devises particulières pour se reconnaître au besoin.

Il y avait dans la maison de Bartolo un jeune homme chargé de porter les lettres ou messages aux avocats et gens de cour, de recouvrer les loyers, et de s'occuper des affaires courantes. Polyxène le fit appeler sous prétexte de je ne sais quel achat de soie ; elle lui confia le billet, lui recommandant de ne le remettre qu'en mains propres et de garder le secret.

Vers minuit, Agostini se dirigea vers le portique de Bartolo, y penétra à pas de loup et s'engagea dans la cour. Polyxène, qui était aux écoutes, descendit l'escalier dérobé, ouvrit la seconde porte, et tendit silencieusement la main à son frère d'armes ; puis, arrivés dans le cabinet d'étude, elle s'assit à coté de lui et s'écria :

— Eh bien! fils de l'Italie, est-ce assez applaudir Pie IX? Qu'a-t-on fait? Que fait-on? Que veut-on faire?

Agostini caressa un instant sa moustache, passa la main dans son épaisse chevelure et répondit gravement :

— Tout va bien, le diable est avec nous et tu trembles ? Tu n'ignores pas que depuis quelques mois nous avons à Rome les plus vaillants janissaires de la Jeune-Italie, grands cœurs, qui donneraient chacun un coup de poignard à son frère, pour peu que cela servît notre cause. Aujourd'hui, dans notre vénérable collége, on a tiré au sort les généreux élus qui doivent nous débarrasser de Nardoni Freddi, Benvenuti, et de tous les autres scélérats hostiles à notre sainte entreprise.

Quatre des plus audacieux ont reçu du sort l'honneur de la vengeance; chacun d'eux a déjà immolé plusieurs satellites de la tyrannie. Tout était prêt, le jour, l'heure et le lieu : l'un devait être tué le soir sur le seuil de sa maison, un second au moment où il sortirait du Fisc, un troisième entre la place Madame et le monument de Saint-Augustin. Mais Pie IX a pour commissaire de police, je ne sais quel ange qui lui dit nos secrets ; la trame a été vendue, Nardoni et Freddi se sont éclipsés, et l'on veille.

Au reste, ce contre-temps dans notre attaque contre l'Église notre ennemie tournera à notre profit et à notre gloire. Le complot est découvert ; mais nous accuserons d'en être les auteurs ceux mêmes que nous voulions pour victimes. La conjuration que nous ourdissons contre la police, nous dirons que la police la tramait contre le peuple, nous publierons que la grande fête anniversaire de l'amnistie avait été choisie par les *noirs* pour massacrer traîtreusement la foule autour de l'arc triomphal de Pie IX.

— Allons donc ! s'écria Polixène. Croyez-vous les Romains

assez aveugles pour ajouter foi à de semblables inventions? Quel est le fou qui vous a donné cet absurde conseil?

— Le fou? c'est un de nos chefs les plus sages qui nous a proposé cette combinaison. Vous ne pouvez savoir à quel point la foule est sotte et crédule. Rien de plus simple que notre plan: déjà nos émissaires répandent çà et là le bruit que le jour de la fête ne se passera pas sans grands événements; que sont arrivés à Rome des envoyés de l'Autriche, les poches pleines d'or impérial. D'autres ajoutent qu'on a déposé de nuit chez les Jésuites deux grandes caisses de poignards passés en douane sous le nom de livres de théologie; que depuis une dixaine de jours s'est répandu sur nous un déluge d'hommes de Faenza, race idolâtre du Pape, vendue aux rétrogrades et ennemie du peuple romain. Ces bruits se colportent en grandissant; le 15, Cicervacchio criera à la conspiration austro-jésuite, et publiera au Corso la liste des conjurés. Nos frères iront de rue en rue, de carrefour en carrefour, en criant: Vengeance! on veut égorger le peuple! la police est complice! notre sang est vendu aux poignards autrichiens. Aux armes! Mort aux noirs! Mort à Nardoni! Mort à Freddi! Vous entendez d'ici nos gémissements, nos cris, nos hurlements de désespoir. Le peuple, sans savoir pourquoi, fera comme nous; alors nous improviserons une garde civique pour la sécurité de Rome. Fusils et munitions sont prêts. Aser a reçu, il y a un mois, des villes hanséatiques et du Hanovre, des traites et billets pour vingt-cinq mille écus. Nos sociétés d'assurances contre l'incendie et d'assurances maritimes nous fournissent de larges ressources. Pie IX nous trouvera armés et nous en saura bon gré; nous lui ferons croire que Rome nous doit son salut, et nous donnerons à nos artifices un si grand air de vérité que les prêtres chanteront des *Te Deum* et remercieront Dieu d'avoir, par nos bras, préservé de sa ruine le peuple romain.

— Oh ! pour cela...

— Cela arrivera (1). Mais il y a mieux : à notre exemple, toute l'Italie va crier comme un seul homme : Nous voulons la garde nationale ! Cela ne vous semble-t-il rien ? L'Italie en armes ! Nous verrons des héros ; les rois trembleront, l'étranger fuira vers la frontière, et Rome renaîtra plus grande que jamais.

— A propos d'Aser, interrompit la jeune fille, des instructions m'ordonnent de me mettre en rapport avec lui ; il connaît les secrets de la Haute et de la Basse-Allemagne ; amenez-le moi une nuit, ou du moins indiquez-lui la route secrète, et prévenez-le que je l'attends.

— Fort bien. Adieu.

Et Agostini sortit à pas de loup par la petite cour et se rendit au cercle.

La nuit qui précéda le 15 juillet fut pleine d'angoisses pour Rome ; une terreur aveugle planait sur la cité : on disait qu'une conspiration terrible allait éclater pour la ruine de la nation.

(1) Cela est arrivé. Un curé a célébré de solennelles actions de grâces pour l'heureuse découverte de la conjuration.

Chacun avait peur sans savoir de quoi ; amis, ennemis étaient également suspects ; tout étranger qu'on rencontrait semblait un homme de Faenza, et l'on passait au large en tremblant. On ne voyait que coutelas, stylets, poignards.

— Gare ! voici un conjuré.

Et chacun de fuir :

— Où donc est-il ?

— Le voici, de ce côté.

Alors un frémissement passait sur les visages ; les femmes versaient des larmes, les vieillards gémissaient :

— Oh ! Dieu ! quelle catastrophe ! c'en est fait de nous, on va nous massacrer !

— Savez-vous la nouvelle ? On a trouvé cinquante de ces brigands dans les égouts, et mille dans les souterrains des Thermes. Cicervacchio les a tous pris. Je viens de les voir au Château.

Partout régnait le trouble ; partout se formaient des rassemblements, chacun était armé, qui d'un couteau de chasse, qui d'une vieille arquebuse, qui d'une baïonnette. On criait :

— Marchons : faisons des patrouilles ! au Champ-de-Mars ! tambours, battez la charge !

La foule se pressait aux portes, aux fenêtres, sur le seuil des boutiques et les regardait passer.

— Qui sont-ils ?

— C'et la garde civique.

— Et que vont-ils faire ?

— Prendre les conjurés qui voulaient tous nous massacrer.

— Miséricorde ! Dieu vous aide, nos libérateurs !

XI

LA GARDE CIVIQUE.

Au milieu de cette agitation, la maison de Bartolo ressemblait à un marché public ; c'était un va-et-vient continuel, une exhibition d'étoffes de toutes nuances, des monceaux de boutons, des montagnes de cuir, des amas de galons, ganses, torsades, de toute forme et de tout métal.

Montegrande, Torre, Spini, le droguiste Calletti, et cent autres nouveaux Fabius discutaient gravement avec Bartolo le costume à donner à la garde civique.

Bartolo avait tous les uniformes d'Europe en gravures. Son admiration allait du Français à l'Anglais, s'arrêtait sur le Portugais, pour passer à d'autres nations. Nul ne le satifaisait pleinement : l'un avait trop de rouge, l'autre des pans trop longs, un troisième des revers trop larges. Enfin on se décida pour l'uniforme prussien et piémontais, mais en lui donnant plus d'élégance et de légèreté.

Le casque, pour ressembler à celui des anciens Romains, était en cuir bouilli, à côtes jaunes, à fond noir ; de son sommet surmonté d'une pointe de bronze descendait une crinière ondoyante, aux reflets de feu. L'épée était sur le modèle des glaives antiques; comme celle de la légion romaine, elle se portait attachée au côté, et passée dans un baudrier; tout le costume était bleu avec bandes et revers rouges. La capote avait un grand capuchon, toujours à l'instar des vieux Romains.

L'équipement de la nouvelle milice ainsi arrêté, nos héros se firent costumer au plus vite, et l'on ne saurait dépeindre l'admiration qu'excita leur uniforme. Les premiers jours, dès qu'un *civique* paraissait, dès qu'on entendait un tambour, une foule avide se rassemblait. C'était magnifique, mais cela coûtait, comme toute gloire; et les pères de la patrie furent bientôt réduits à aller deux à deux frapper à toutes les portes au nom de l'amour national, et quêter en faveur de la garde civique, l'honneur et le salut de Rome.

Pour vêtir ces jeunes hommes, plus riches de patriotisme que d'écus, les produits des bals, des illuminations, des fêtes, des banquets n'avaient pas suffi; personne n'échappa à la contribution. Monastères, confréries, prêtres, sacristains mêmes durent participer au grand œuvre.

XII

BARBERINA D'INTERLAKEN.

Aser avait remis entre les mains de Spini les intérêts de la faction romaine; lui-même, sous le nom d'un voyageur de commerce, s'était rendu en Toscane, y avait vu Guerrazzi et Montanelli, de là s'était dirigé vers Livourne, Pise et Lucques, et après avoir chaudement exhorté les conjurés de ces villes, était parvenu à Gênes. Des sectaires importants l'y attendaient.

Quand il exprima le dessein d'aller à Milan pour monter de là en Suisse par le Saint-Gothard ou le Simplon, ses amis lui conseillèrent vivement de ne pas s'exposer aux filets de la police autrichienne; du reste, pour savoir avec quel zèle on travaillait dans ce pays à la délivrance nationale, il n'avait, lui dit-on, qu'à rester à Gênes, à se rendre le soir même au café San-Carlo: on trouverait moyen de parler longuement sur la Lombardie, la Vénétie et l'Italie centrale.

Aser se dirigea donc vers le café sur les neuf heures. Un carbonaro, Brofferio, l'y attendait; tous deux sortirent bientôt, s'enfoncèrent dans une ruelle solitaire, et s'arrêtèrent devant la porte d'une maison.

Ils gravirent trois étages, et, après avoir traversé une antichambre un peu obscure, se trouvèrent dans un appartement meublé avec élégance; les murs étaient garnis de tableaux représentant tous l'histore des peuples qui ont combattu pour la liberté. Sur une grande table ronde en marbre blanc, étaient pêle mêle les journaux les plus avancés de France, de Suisse et d'Allemagne; ces feuilles dans lesquelles on justifie les révoltes, où on exalte les conjurations, et qui professent le *Prolétariat Voleur* de Weithling, le *Panthéisme* d'Hegel, le *Communisme* de Proudhon, *l'État Sauvage* de Marr et *l'Homme Divinisé* de Moedeff.

Aser trouva plusieurs hommes, tous condamnés politiques; il leur tendit la main et se jeta sur un canapé.

— Eh bien! que fait-on à Rome? lui dit un homme petit et maigre. Avance-t-on? Mamiani est-il arrivé?

— Et Pie IX? La bonne foule qui nous croit fort bien ensemble? Il est temps d'agir; il faut crier, demander, l'étourdir; une chose obtenue, en réclamer une autre, puis une autre et une autre encore, si bien qu'il ne sache plus où donner de la tête.

Aser répondit :

— Depuis le mois de juillet, le pape n'a plus ni police, ni forces. Nombre d'officiers de carabiniers font les papistes, mais sont à nous. Pour la milice régulière, c'est un jouet. A force de plaintes, de calomnies, de terreurs, nous éloignerons du trône tout ce qui nous porte ombrage.

Tandis qu'Aser s'entretenait avec les chefs de la secte, était entré un jeune homme; le grand manteau dans lequel il était enveloppé ne laissait voir de sa personne que ses pieds chaussés de bottes à éperons, une fine moustache et de grands cheveux bouclés tombant sur les épaules. En apercevant Aser, il vint lui frapper sur l'épaule et se plaça silencieux et immobile en face de lui. Aser le regarda, comme cherchant à rappeler ses souvenirs, mais demeurait hésitant, lorsque l'inconnu porta la main à son visage, saisit ses moustaches et les enleva. Il ne resta plus que deux lèvres roses que reconnut Aser.

C'était la fameuse Babette d'Interlaken, que le pasteur Veyerman appelait *la grande Vierge du communisme helvétique.* Fille du hasard, jetée depuis l'enfance au milieu des corps francs, comme servante d'une vivandière, elle avait grandi au milieu de la débauche, des rapines et du sang ; elle ne connaissait Dieu que pour l'avoir entendu blasphémer. Dans la guerre du Sonderbund, quand les radicaux avaient tué quelque catholique des cantons sécessionnistes, ils lui faisaient arracher le cœur, déchirer les entrailles, crever les yeux par Babette, et la payaient d'un verre d'eau-de-vie ou de kirsch.

A partir du 28 août 1846, quand Ochsembein, Funck, Stokmar et autres hommes du même genre devinrent magistrats de Berne, Babette fut la fidèle intermédiaire entre eux et les sociétés secrètes ; le génie des intrigues souterraines et des projets ténébreux. Tout à coup elle apparaissait pour s'évanouir à l'improviste ; elle savait des mystères impénétrables, ouvrait les dépêches diplomatiques sans en altérer les sceaux, et se glissait comme un serpent dans les cabinets de Vienne, de Berlin et même de Saint-Pétersbourg. Habile à fabriquer des lettres de change ou des passeports, versée depuis l'enfance dans la connaissance des poisons, elle mettait tous ses moyens au service de la secte. Elle blasphémait comme un athée, fumait comme un Turc, buvait comme un Suisse et maniait les armes comme un spadassin. Elle semblait possédée de Satan, tant étaient grands la vigueur de ses muscles, la force de son bras, la fascination de son regard, l'audace de ses entreprises, l'orgueil de ses menaces, et la fureur de ses haines.

Telle était Babette à vingt-trois ans.

Elevée à une école d'iniquités, de matérialisme et de sang, rien d'étonnant qu'elle fût devenue cruelle et perfide. Au reste, on a vu à Rome des femmes semblables, on les a entendues chanter dans les tavernes : « Vive l'enfer et qui y va ! Mort à saint Pierre ! » On sait ce qu'elles ont commis de sacriléges et de meurtres avec les partisans de Garibaldi (1).

Babette, dans cette entrevue avec Aser, lui dit :

— Hâte-toi ! Ochsembein t'attend à Berne : il a besoin de toi pour une mission dans la Haute Allemagne.

Catholique ou protestant, le jésuitisme agonise, mais le *Romanisme* est toujours vivant en Italie, surtout dans la ville des papes, et c'est lui qu'il faut étouffer. A ton retour, dirige tes

(1) Certaines personnes ont prétendu, dans la Haute-Italie, que ces femmes n'avaient jamais apparu à Rome. Ou nous sommes sourd et aveugle, ou nous les avons vues de nos yeux, entendues de nos oreilles. Il y en avait en costume de soldats, avec le poignard et la carabine. Quand le jésuite Caraccia fut pris, à la vigne de Macao, déguisé en paysan, il y avait parmi ces brigands deux femmes armées de piques, et sans le connaître elles lui dirent : « Trouve-nous ce jésuite, il faut que nous lui arrachions les entrailles et que nous lui mangions le cœur ! » Et quand on égorgea au pont Saint-Ange trois hommes, les prenant pour des jésuites, et qu'on les jeta par morceaux dans le Tibre, des femmes étaient là qui transperçaient les malheureux à coups de poignards, et se lavaient les mains dans leur sang : les procès-verbaux font foi de cela.

efforts en ce sens : tu seras au reste vigoureusement secondé.

— Quand pars-tu pour Berne?

— Mercredi, mais avant je dois écrire à Sterbini sur nos affaires en Italie.

— Fort bien, écris, s'écria Babette, je me charge de faire parvenir de ma main ta lettre à son adresse.

— Comment, de ta main? Tu vas à Rome? et quoi faire?

— Je passe par Rome, mais je me rends en Sicile. Tu sais que Cestio, catholique suisse, du canton des Grisons, l'un des premiers *justes* de Weithling et possédant les secrets les plus redoutables du parti, a disparu de Nidau, et s'est fait à Lucerne l'espion du Sonderbund. Il n'aura pas à s'en réjouir. L'article 46 de nos statuts porte : *Toute trahison d'un membre de l'Association mérite la mort. Tout membre est obligé d'exécuter la sentence.* Le sort avait désigné Porzio de Leistal; mais il vient d'être tué par un mari jaloux. Le soin de châtier *Cestio* m'a été confié ; c'est une mission difficile, le traître est d'une extrême habileté, et il est difficile de le joindre.

— Comment sais-tu qu'il est en Sicile?

— Par notre merveilleuse police. Se doutant que nos chefs connaissaient sa trahison et sa demeure, l'infâme disparut de Lucerne, et se rendit dans les montagnes inaccessibles du Valais. Il y demeura en qualité de bouvier jusqu'au mois de juin; mais un jour, parmi des faucheurs venus du Bas-Valais, il remarqua un jeune homme de Bex, qu'il reconnut pour l'avoir vu parmi les bersaglieri au Tir d'Aarau. C'en fut assez pour lui faire traverser le Simplon : escaladant les rochers, traversant les glaciers, longeant les précipices, fuyant les sentiers battus, il arriva en Italie, et d'étape en étape, sous des noms divers, il parvint jusqu'à Gênes. Là, il avait un frère aîné qui lui donna de l'argent et l'embarqua à bord du Castor, en partance pour Naples. Un de ses cousins, capitaine à Naples dans la garde suisse, reçut à merveille le fugitif, et voulut même l'enrôler dans le premier régiment ; mais en homme avisé, il pensa quà Naples on pouvait reconnaître le fugitif et le dénoncer aux frères de Berne ; il l'engagea en conséquence à se retirer en Sicile, et lui remit pour le gouverneur des lettres d'introduction.

Un prince napolitain, qui avait deux fils, prit Cestio pour leur précepteur ; et le traître y est encore, mais pour peu de temps, je te le jure. Fût-il caché dans les entrailles de la terre, il sentira la pointe de mon stylet.

— Prends-y garde, dit Aser, avec les Siciliens tu joues gros jeu, et si tu es lasse de la vie, tu as là un moyen merveilleux d'en être débarrassée : le prince sicilien qui s'est attaché Cestio saura le défendre ou le venger.

— Ote-toi ce souci, mon cher, j'égorgerais son Cestio dans ses bras, s'il en était besoin ; du reste, j'ai mon plan.

— Fort bien, dit Aser ; demain nous reparlerons de cela tout à loisir. Maintenant que nos amis ont achevé de lire les gazettes, délibérons sur les affaires de l'Italie. Tu sais combien nos décisions sont importantes pour nos frères de Suisse et d'Allemagne.

La conversation devint alors générale. Chacun parla du but commun, proposa des mesures pour y arriver : c'étaient toujours, sous le voile de bien public et de liberté, la rébellion et l'anarchie. On voulait exposer les pacifiques requêtes de peuples dévoués à leur princes, mais sous ces apparences, on forgeait des fers aux pouvoirs légitimes. Il fallait s'avancer avec la religion à la bouche et l'hypocrisie au cœur, tenir à la main un livre sur la première page duquel serait écrit en grosses lettres: Les Saints Evangiles du Christ, mais qui, dans les feuillets suivants, contiendraient les principes de Luther et de Calvin, les mystères du panthéisme, le décalogue du socialisme et du communisme, les dogmes de Proudhon, de Fourrier et de Considérant.

Le lendemain, Aser écrivait à Sbertini :

« Mon cher ami,

» Une personne sûre te remettra ce billet ; je t'engage à le recevoir avec toute la courtoisie que tu sais déployer envers les gens de cœur : la main qui te remettra ma lettre est blanche et fine, mais elle est assez vigoureuse pour laisser une empreinte ineffaçable où il lui plaît de se poser.

» Désormais tu recevras ma correspondance et celle de nos frères par les courriers de Livourne. Tu sais qu'à l'instar de l'empire chinois nous avons organisé un *télégraphe vivant*. Livourne est le centre d'où il rayonnera sur toute l'Italie. Dans toutes les directions nous aurons un bureau de poste secrète par dix lieues. Ainsi un courrier part de Livourne pour Rome, Florence, Turin, Milan, Venise ou Naples ; à dix lieues il trouve un second messager, et lui remet le pli ; même chose pour celui-ci, et ainsi de suite. S'il faut plus encore de vitesse et de mystère, la dépêche est communiquée de vive voix. De cette façon, bientôt nous aurons une poste sûre, rapide, qui se moquera de la police et nous gardera nos secrets (1).

» L'affaire qui intéresse le plus la *Ligue sacrée* est celle des Jésuites. Nous ne voulons pas agir à l'endroit des révérends pères comme l'ont fait les Suisses, petits et grands conseils cantonnaux, diètes fédérales dans les *Vorort* de Zurich, de Lucerne, de Berne, et plusieurs années d'efforts, il a fallu tout cela pour arracher cette plante vénéneuse du sol helvétique, sans compter toutes les manœuvres des corps-francs. Aussi le comité central de Mazzini, Breidenstein, Zaleski et Druey, a-t-il sagement décidé de chasser les Jésuites par d'autres moyens, sans coup férir, et sans verser une goutte de ce sang italien qu'il ne faut répandre que contre l'étranger. A Turin, à Gênes, en Sardaigne, à Naples, dans les Romagnes, dans l'Italie centrale, le même jour, à la même heure, on donnera aux Jésuites un assaut général. Des hurlements, des menaces, quelques fenêtres brisées suffiront à leur faire évacuer la place. S'il en est besoin, on versera de la résine sur quelques fagots. Si nous vou-

(1) Ce télégraphe vivant fonctionne aujourd'hui en Italie. Les gouvernements devraient le savoir.

lons régénérer l'Italie, nous ne pouvons souffrir ces hommes dans son sein.

« La garde civique nous est dévouée. Peut-être les bons Romains, à la panse rebondie, au menton cascadant, se remueront un peu, et diront dans leurs moustaches grises : — Miséricorde ! Qu'est-ce que cela ? On a donc oublié les temps d'épidémie et le dévouement admirable que déployèrent les Jésuites? Les bannir de Rome ! Non, jamais !

» Là-dessus ils revêtiront leur ventre de l'uniforme et mettront la main sur leur épée, jurant de défendre les Révérends Pères même contre nos canons. Pures fanfaronnades ! Nos jeunes civiques valent chacun cent de ces poltrons. En avant ! Sterbini ! telle est la volonté des frères (1).

» Le roi Charles-Albert est parti le 2 novembre pour Gênes, et tout est prêt déjà pour les fêtes populaires ; on en profitera pour ameuter le peuple ; sous prétexte d'attaquer les Jésuites, la foule sera groupée, serrée, et formera une masse compacte capable de résister au choc de la cavalerie. Gênes sent encore couver sous la cendre la chaleur de sa République. Tu verras une belle partie d'échecs ; déjà Constantin Reta regarde le fort et veut souffler ses *tours* pour crier ensuite *échec au roi !*

» En France, Guizot, Montalivet et les autres *modérés* flairent de loin les *banquets réformistes*, et leur estomac se révolte déjà : ils cherchent à enlever aux cuisiniers Ledru-Rollin et

(1) Et cette volonté fut bien servie. Toute l'Italie a vu ses effets dans les premiers mois de 1848.

Proudhon leur feu et leurs fourneaux, mais ces deux chefs ont des aides-marmitons capables de mettre à la broche tous les opposants et Louis-Philippe en tête. L'Angleterre a déjà envoyé les épices. Encore quelques mois, et il y aura un festin dont on sentira le fumet jusqu'à Rome.

» Quant à Vienne et Berlin, je t'en parlerai de Francfort. Maintenant je pars pour Genève ; de là j'irai à Berne, à Constance, dans différentes villes du Rhin et enfin à Swerin. La commande des mousquets est faite ; exercez bien la garde civique. Pie IX voudra choisir les hommes, faire des règlements militaires, diriger la discipline ; acceptez tout, remerciez et faites comme bon vous semblera. Aguerrissez la jeunesse, ce n'est pas avec des patenôtres que l'on combat l'étranger.

» Tout à toi,

» ASER. »

XIII

RUSES ET EMBUCHES.

Rome penchait chaque jour davantage vers le précipice qu'avaient savamment creusé les meneurs de la *Jeune-Europe*. Déjà leur œuvre sortait des ténèbres, et à la face de la chrétienté tombaient des mains du Pape les lambeaux du pouvoir temporel. Chaque concession du gouvernement excitait des fêtes et des réjouissances, suivies le lendemain de demandes nouvelles et plus exorbitantes. Le Pape n'avait pas un instant de paix ou même de trêve : ses réformes devenaient pour une secte perfide un prétexte à abus et des occasions de troubles. C'est la menace à la bouche et la trahison dans le cœur qu'on réclamait une liberté plus large, qu'on démembrait violemment le pouvoir. L'Etat ressemblait à ces rochers qui se détachent et tombent des hautes cimes : parfois un obstacle ralentit leur marche, il semble qu'ils soient arrêtés, mais ce n'est que pour bondir avec plus de force, et précipiter avec eux la dévastation de chute en chute, jusqu'au fond des vallées.

Les plus vigoureux efforts de la secte tendaient à la corruption de la jeunesse : de toutes parts l'attendaient des séductions habiles, qui, après avoir triomphé de son inexpérience, la retenaient enchaînée. Dès qu'on avait vingt ans, on était inscrit sur les rôles de la garde civique ; pas d'excuses, pas d'exceptions ; qu'on fréquentât encore les universités, qu'on ne pût pas interrompre le cours de ses études; peu importait. Les hommes qui se jouaient de la mansuétude du peuple romain, avaient dans les écoles mêmes, à la Sapience, formé une légion d'étudiants, avec leurs professeurs de droit, de mathématiques ou de médecine pour capitaines. Nombre de jeunes hommes, pour échapper à ces lieux de perdition, prirent l'habit ecclésiastique, ou abandonnèrent Rome, prétextant des voyages de santé, d'affaires, ou d'études.

Au milieu de tels excès, ce qui causait aux hommes chrétiens et sensés la plus amère tristesse, c'était de voir un tel bouleversement dans la raison publique, un tel oubli de la ferveur antique, un si grand affaiblissement dans la foi, tant de licence dans les mœurs se cacher sous les noms de patriotisme, de félicité publique, de résurrection italienne, et autres mots creux et sonores qui devaient conduire Rome et la Péninsule à de si grandes calamités. Plus que tous, le Souverain-Pontife considérait les désordres qui ternissaient chaque jour la gloire la plus pure et la plus brillante de Rome, et déplorait surtout qu'on ravît les estimables trésors de la foi et de la piété à la jeunesse, en flétrissant sa pureté.

— Ah ! s'écriait-il souvent, ils me prennent les jeunes gens ! ils m'enlèvent leur candeur ! ils me tuent de si belles âmes !

Un matin, une tante d'Alice était venue la voir ; c'était une sœur de sa mère ; elle se nommait Adèle. Polyxène, sous prétexte d'aller choisir des laines pour une tapisserie, s'était rendue dans une maison où l'attendaient des membres de la secte.

— Ma tante, demanda la jeune fille, comment se portent mes cousins Mimo et Lando ? Pourquoi ne viennent-ils plus le jeudi, ni le dimanche, passer avec nous la soirée ?

— Hélas ! répondit la pauvre mère, depuis qu'existe la garde civique, je ne les reconnais plus. Ils ont toujours le fusil en main ; des jeunes gens à la barbe inculte, aux airs sinistres, vont et viennent dans la maison.

Dans mes salons du rez-de-chaussée, on fait l'exercice ; Mimo commande à Lando, et celui-ci donne à son tour des leçons à son frère ; ils perdent à cela jusqu'à la moitié de leurs nuits. Vienne le maître d'escrime, c'est un tumulte, un fracas, des cris à faire perdre la tête : — En garde !... une, deux... dégagez... parez tierce... arrondissez le poignet ! tendez le bras ! La maison est bouleversée et les voisins deviennent sourds.

Tu sais combien mon Lando était bon, doux, affable, caressant ; maintenant c'est la rudesse et la brusquerie en personne. Nous l'avons vu modeste, s'approchant chaque semaine des sacrements, tous les matins entendant la messe à l'autel de Saint-Louis de Gonzague. Aujourd'hui, le croirais-tu, c'est à peine si je puis obtenir de lui et de son frère qu'ils entendent la dernière messe du dimanche, tant ils ont hâte de s'équiper pour la parade, et d'aller à la revue que passe le colonel sur la place du Peuple ou sur la place Saint-Pierre.

En ce moment entrait Bartolo.

— Bonjour, Adèle ; comment vous portez-vous ?

— Je me porterais bien, si je n'étais pas mère ; ce titre si glorieux et si doux est pour moi une source d'angoisses et de honte. Bartolo, je suis bien malheureuse !

— Mais qu'y a-t-il ? L'un de vos fils est-il malade ?

— Plût à Dieu qu'ils le fussent tous deux !

— Que veut dire cet étrange souhait ?

— Oui, mon frère, j'en suis arrivée à ce point que je voudrais voir mes fils cloués sur un lit par la souffrance. La garde civique me les assassine.

— Vous les assassine ! comment ?

— Comment ? Parce que de bons chrétiens que j'avais formés moi-même, elle a fait deux libertins ; parce que jour et nuit elle est une école d'impiété et de libertinage ; parce que la langue qu'on y parle est un composé d'impudeurs, d'imprécations, de blasphèmes inouïs.

Les premiers jours que Lando y passa, il revenait à la maison tout épouvanté, les yeux rouges, le visage pâle, le cœur gonflé ; il me prenait la main, la serrait, se jetait dans mes bras et me disait en pleurant :

— Ma mère, délivrez-moi de cet enfer, j'y perdrai mon âme. L'on n'y parle que d'obscénités : l'un vante ses orgies avec une femme de théâtre, l'autre dit ses embûches contre des vertus plus pures, un troisième raconte les sacriléges commis dans les églises ; on va jusqu'à nommer les personnes, et la galerie de rire et de crier bravo. Des nuits entières se passent à ces conversations. Un soir, que sonnait l'Angelus, je me découvris comme c'était mon devoir. Quels cris, quels sifflets, quels sarcasmes excita cet acte de religion ! Là, on ne traite la foi que de superstition ; on honore les impiétés de toute sorte ; on outrage les cardinaux, quelquefois même on ne respecte même pas le Souverain Pontife : « Le Pape, va-t-on jusqu'à dire, aura bientôt affaire à nos baïonnettes. »

Ainsi me parlait Lando durant les premiers jours ; mais depuis, soit que Mimo ait par respect humain raillé la dévotion de son frère, soit que le poison qu'il respire ait tué sa vigueur morale, Lando devient peu à peu impudent, rétif, licencieux; il affecte du mépris pour les choses saintes, et porte la désolation chez moi. Ah! mon cher ami, le gouvernement devrait arrêter cette corruption dans sa source, ou le deuil couvrira bientôt Rome.

— Le gouvernement n'y peut rien, répondit Bartolo. Le Pape dit, ordonne, supplie, mais le mal est accompli. Au reste, que voulez-vous? Les casernes ne sont pas des sacristies. On y fume, on y jure, on y lâche quelques propos légers, on y rit un peu, mais au fond ce sont de bons enfants que les Romains. Croyez-moi, les choses s'arrangeront; et la confédération italienne une fois établie, la religion fleurira plus que jamais.

Oui, vous vous bercez toujours des mêmes espérances; mais elles n'empêcheront pas le cœur d'une mère de saigner quand elle voit ses fils, élevés avec tant de sollicitude dans la crainte de Dieu, devenir mauvais et se perdre.

XIV

LA BARONNE.

Un jour, vers la fin de novembre, à deux heures de l'après-midi, une chaise de poste s'arrêta devant l'hôtel *Serny*, sur la place d'Espagne; elle contenait, vêtue d'une robe de soie gris-perle, et pelotonnée dans une pelisse d'hermine, la jeune baronne de Derberg,

Deux garçons d'hôtel s'élancent, abaissent le marche-pied, ouvrent la portière. La baronne descend, commande le meilleur appartement, fait appeler le maître de l'hôtel, et lui dit :

— *Il signor* Sterbini est-il à Rome ?

— Oui, Excellence.

— Prévenez-le que la baronne de Derberg désire l'entretenir un instant dans la soirée.

Sterbini fut d'une exactitude ponctuelle. Une baronne de Derberg ! que pouvait-elle lui vouloir ? c'était sans doute quelque sœur de l'*Alliance-sacrée*. Toutes ces pensées escortèrent Sterbini jusqu'à l'hôtel. Il entre, voit une jeune et charmante femme, portant une robe traînante de velours noir. La baronne lui fait un signe de tête gracieux, lui tend la main, qu'il porte respectueusement à ses lèvres, et lui dit, en lui présentant une lettre :

Voici un pli qui m'a été confié pour vous par notre ami commun, Aser, pendant son séjour à Turin. Prenez-en connaissance.

Pendant que Sterbini parcourait rapidement la missive, la baronne, le visage appuyé sur la main, examinait la physionomie du lecteur, et étudiait les mouvements divers que les passages de cette lettre faisaient passer sur le front du lecteur.

La lecture achevée, Sterbini se tourna avec un sourire, et s'écria :

— Mais, madame la baronne, Aser a confié sa lettre à un homme, et non pas à la charmante voyageuse de qui je l'ai reçue.

— Ne vous en préoccupez pas, reprit la jeune femme, Aser était sans doute préoccupé quand il a commis cette petite erreur. Pour moi, je salue avec bonheur l'aurore de la fortune romaine. Constance et courage ! l'Allemagne demande à Rome ses destinées, et Vienne et Paris n'attendent que votre signal.

— Votre arrivée nous remplira d'une nouvelle ardeur, madame, répondit le docteur ; nous comptons sur vos lumières et sur votre concours. Aurons-nous le bonheur de vous posséder longtemps ici ?

Je pars demain pour Civita-Vecchia.

— Comment, demain ! Vous ne verrez pas nos frères ?

— Non.

— Et où allez-vous ?

— A Malte.

— Si vous voulez des lettres d'introduction auprès de plusieurs amis qui habitent l'île, je serai heureux de vous rendre ce faible service.

— Merci, je vous en suis fort reconnaissante, répondit la baronne ; je suis déjà recommandée aux personnes que vous me nommez, et je leur donnerai de vos nouvelles.

La conversation se prolongea encore quelques instants ; puis Sterbini voyant l'heure s'avancer et voulant laisser la belle voyageuse se reposer de son voyage, prit congé.

Le lendemain, la baronne de Derberg partait pour Civita-Vecchia, et de là s'embarquait pour la Sicile.

C'était Babette. Elle allait à la recherche de Cestio.

XV

CESTIO.

Babette était arrivée en Sicile, et s'était, sous son nom de baronne, établie à Palerme dans un quartier élégant, voisin de la mer. Là elle s'informa avec tant d'activité, qu'elle apprit bientôt ce qu'elle voulait : Cestio devait revenir de Syracuse avec les enfants du prince, vers l'époque de Noël. Attendre, patiente et attentive, sa victime, ne suffisait pas à son activité. Elle s'employa à favoriser et à faire naître les coupables projets de la secte, et s'enrôla dans les rangs de la *Jeune-Sicile* pour précipiter l'œuvre du mal. Toujours agissante soit en secret, soit en public, elle avait de fréquents entretiens avec les plus fougueux démagogues ; les palais du prince de Scordia, et du vieux Roger Settimo, étaient chaque soir le rendez-vous des émules de Jean de Procida ; ils étaient heureux d'apprendre les moyens d'action qu'employaient les agitateurs de Suisse et d'Allemagne, et savaient à la baronne le meilleur gré de ses utiles leçons.

Cependant Cestio revint à Palerme. Babette, qui excellait à contrefaire les écritures, lui envoya une lettre sous le nom d'une parente chère au jeune homme ; elle y joignit un billet dans lequel elle priait Cestio de la venir voir, et lui annonçait qu'elle avait beaucoup de choses à lui dire de la part de sa cousine Henriette.

Cestio vint, et la baronne lui fit un accueil si gracieux qu'il ne s'en tint pas à une première visite : bientôt il lui consacra tout le temps que lui laissaient libre ses fonctions auprès du prince, et prit l'habitude de sortir avec elle.

La misérable avait si bien ourdi sa trame, que le moment ne tarda pas où elle crut pouvoir frapper sa victime.

Un soir, ils étaient sortis de Palerme ; elle se dirigea vers un bois de lauriers, et ils s'engagèrent dans des sentiers écartés, où les arbres joignant leurs branches formaient une silencieuse obscurité. Babette avait saisi son stylet, mais au moment de l'enfoncer dans le cœur de Cestio, elle fut arrêtée par les aboiements d'un chien qui déboucha dans l'allée ; craignant que le maître de l'animal ne fût près de là, elle témoigna le désir de rejoindre les allées plus fréquentées, et rentra à Palerme avec Cestio.

Ce coup manqué, il fallut faire naître d'autres occasions. Un jour qu'ils étaient seuls, elle lui dit d'un air grave et triste :

— Savez-vous, mon cher ami, que l'année passée, dans une course à votre sanctuaire de l'Ermitage, j'ai, à l'aspect de la Madone, été saisie d'une impression qui ne me laisse plus de repos. Je cherche à vaincre cette faiblesse, mais l'idée d'abjurer le protestantisme et de me faire catholique s'est imposée à moi avec une tyrannie singulière.

Vous qui êtes si bon chrétien, ne pourriez-vous pas m'indiquer un guide dans mes incertitudes?

Cestio était sincèrement revenu de ses désordres; cette ouverture le combla de joie, et il proposa à la baronne de la mettre sous la direction d'un prêtre savant et pieux qui lui démontrerait ses erreurs, et ouvrirait ses yeux à la lumière de la foi.

Babette répondit qu'elle serait fort reconnaissante d'un tel service, que du reste le lieu était peu propice à une conversation de ce genre; que chez elle, on la pouvait déranger, qu'enfin elle priait Cestio de se rendre le lendemain soir à la basilique de Montréal, et que là elle pourrait lui ouvrir son cœur en toute liberté.

Cestio répondit qu'il ne demandait pas mieux et qu'il la viendrait prendre.

— Non, non, s'écria Babette, allez seul, je vous y rejoindrai de mon côté; et surtout ne manquez pas au rendez-vous. A propos, vous pourrez renvoyer votre voiture, la mienne nous ramènera à Palerme.

Le lendemain, au coucher du soleil, Cestio se rendit à l'église de Montréal; il admira longtemps cet étonnant témoignage de la magnificence des rois normands, les fondateurs de la monarchie sicilienne; puis il se dirigea vers les sépulcres. Le mystère religieux qui régnait sous ces voûtes, l'obscurité, l'heure, la solitude, émurent le cœur du jeune homme. A genoux sur la dalle, au milieu de ce silence et de cette tristesse, il pria, il demanda miséricorde pour les erreurs de sa jeunesse, et surtout pour cette trahison commise envers son Dieu, dans les abominables liens de l'Illuminisme.

Il était tout entier à ces pensées, et repassait avec larmes les fautes de sa vie, quand il entendit un léger bruit de pas; il leva la tête, la baronne était derrière lui.

Elle le félicita de son exactitude, lui tendit la main et lui dit :

— Ne croyez-vous pas que nous causerions mieux, assis derrière ce pilier?

Ils se dirigèrent du côté que désignait la baronne. Celle-ci, avant de s'asseoir, s'arrêta comme pour examiner une inscription qui se trouvait à la base du pilier, sans doute une tombe; et se retournant vers Cestio :

— Essayons de déchiffrer ces lignes, si vous voulez bien.

Cestio se baissa, et comme il faisait sombre, pencha sa tête vers le marbre pour lire l'inscription.

Babette tira un poignard de dessous ses vêtements, et le lui enfonça jusqu'à la garde au défaut de l'épaule; puis arrachant le fer de la plaie, et se jetant de côté, elle le plongea tout entier dans le cœur du malheureux.

Ce fut l'affaire d'une seconde.

Enfin elle retira l'arme sanglante, l'essuya froidement contre les vêtements de la victime, sortit de la basilique, sans être vue, regagna sa voiture, et le soir elle passait, selon sa coutume, la soirée chez le prince Roger Settimo (1). Gracieuse et souriante, elle s'entretint avec les conjurés qui avaient résolu de pousser le cri de guerre et d'acquérir à la suite la liberté par la violence.

Quelques jours après, elle s'embarquait sur un vaisseau anglais, en partance pour Malte, et gagnait Naples.

Les affaires de ce royaume étaient également agitées au-dedans et au-dehors : la partie malsaine de la société, longtemps immobile, répandait la corruption, et gangrenait la foule; néanmoins le véritable peuple et l'armée restaient sains, le roi était sage et ferme. Avec ces éléments, les choses ne pouvaient être désespérées, et si les fidèles de la monarchie avaient à faire, ses ennemis, les libéraux, se heurtaient à bien des écueils, essuyaient bien des orages, et s'épuisaient à lutter contre le courant de l'opinion qui les entraînait. Babette, au milieu des factions, se croyait en sûreté, et bientôt abandonna le luxe de précautions dont elle s'était entourée jusque-là.

Or, un jour, un officier de la garde suisse dit à un de ses collègues :

(1) On nous adresse de Sicile des reproches amers : on a prétendu que nous avions calomnié le prince Roger Settimo, et laissé supposer qu'il était de secrète connivence dans l'assassinat de Cestio. Peut-on sérieusement nous accuser d'une telle indignité ? N'est-ce pas une habileté des sicaires de la secte d'aller, après avoir commis un homicide, dans les maisons les plus honorables et d'y porter un visage souriant pour qu'on ne songe pas à lire leurs crimes dans leur cœur?

— Mon ami, je viens de voir une étrangère qui ressemble singulièrement à la Babette d'Interlaken.

— Que dis-tu, mon cher Oswald! Je crains que tu ne te sois pas trompé; j'ai vu, de mon côté, rôder dans Naples le plus fameux Mathis; et sans doute il est auprès d'elle en qualité de domestique.

— Quel Mathis? s'écria Oswald.

— Eh mais! le garçon de l'hôtel de *l'Ours*, à Berne, ce vigoureux gaillard au stylet aigu, à la carabine qui ne manquait jamais son coup; ce coquin qui se jeta ensuite dans les corps-francs et commit tant de forfaits dans les petits cantons. Tu ne le connais pas?

— Certes, si. Mais ce démon, cette femme, que vient-elle faire ici?

— Ce qu'elle vient faire, mon ami? surprendre les traces de quelque malheureux voué aux vengeances des sociétés secrètes; elle n'a pas d'autre but. Dieu nous garde de son poignard!

Le lendemain de cette conversation, un carrosse s'arrêtait sur la place de la Victoire; deux jeunes gentilshommes en sortirent, entrèrent dans un hôtel qui se trouvait sur la place, et demandèrent si la baronne de Derberg était visible.

Sur la réponse affirmative qui leur fut faite, ils prièrent qu'on annonçât le comte d'Arstelf et le baron de Guzt.

La baronne lisait la *Gazette d'Augsbourg*. Les deux hommes s'avancèrent, et tout à coup la saisirent en lui disant :

— Madame, vous êtes entre les mains de la justice.

— Mais, comment !...

— Silence, madame.

— Vous êtes des traîtres !

— Silence.

— Mais c'est une erreur.

— Silence.

— Laissez-moi du moins prendre un manteau et quelques objets de toilette.

— Vous aurez tout cela avant une heure.

A ces mots, ils l'entraînèrent vers le carrosse. L'un des commissaires y monta avec la baronne, l'autre remonta dans la chambre pour visiter les malles et parcourir les papiers.

XVI

CHUTE DE LOUIS-PHILIPPE.

Par une matinée du mois de février 1848, dans un salon de la Légation prussienne à Rome, étaient réunis en conférence archéologique quelques savants ; ils avaient écouté une dissertation approfondie sur une pierre gravée, dont la découverte éclaircissait un point obscur de l'histoire romaine, et, ce devoir accompli, s'étaient, comme il arrive d'ordinaire, mis à causer des événements contemporains. Dans le cercle se trouvaient entre autres, un Français, un Allemand, Bartolo, et le professeur Orioli.

Le Prussien s'était tourné vers le Français, et lui disait :

— Votre Louis-Philippe, si je ne m'abuse, sera bientôt pris dans un filet dont on tresse les mailles depuis dix-huit ans.

— De quel filet parlez-vous? s'écria le Français en homme d'une opinion toute contraire. Louis-Philippe, le vieux et adroit chasseur, pris au piége? allons donc! Il y a bien des lacets, mais c'est lui qui en tient les ficelles et qui les manœuvre à son gré.

— Si vous voulez que nous quittions la métaphore, reprit le Prussien, je vais vous expliquer en deux mots ma pensée. Après les journées de 1830, quand Louis-Philippe, pour s'affermir sur son trône, voulut purger la France des factieux, il leur montra comme champs de bataille la Pologne, la Belgique, la Suisse et l'Italie. — Il crut éloigner le feu qu'il répandit sur l'Europe, et ne s'aperçut pas que le foyer restait à Paris, et que si la flamme victorieuse embrasait à ciel ouvert les autres pays, elle se glissait silencieuse, mais dévorante, dans tous les rouages du gouvernement français.

— Mais cette flamme, monsieur, repartit le Français, c'est celle du patriotisme, celle de la valeur guerrière ; c'est grâce à cette chaleur féconde que mon pays produit toutes les nobles entreprises, résout les grands problèmes sociaux, cultive les arts, les sciences, l'industrie, et marche à toutes les conquêtes privées ou publiques de l'activité humaine.

— Fort bien, répliqua Bartolo, mais cela ne m'empêche pas de craindre avec le seigneur Frédéric que ce beau feu, attisé comme il l'est par les passions les plus ardentes, ne brûle quelque jour Louis-Philippe. L'amour de l'ordre peut-il exister dans un royaume où depuis dix-huit ans l'éducation a été arrachée à l'Eglise et aux gens de bien, où toute la jeunesse est élevée dans l'impiété et dans le mépris du pouvoir?

— C'est là, en effet, la plaie la plus profonde, c'est là le symptôme de la dissolution et les signes avant-coureurs de la mort, qu'une science stérilisée pour avoir oublié la foi. En Allemagne, les universités forment une jeunesse sans Dieu et par suite sans vertus viriles, sans force pour le bien; aussi ma patrie souffre, et je vois d'ici sa ruine. L'exemple de la Suisse l'a si fortement ébranlée que les fondements les plus solides de nos institutions, consacrés par la valeur ou la sagesse de nos grands hommes, et vainqueurs du temps, s'ébranlent aujourd'hui pour s'écrouler demain.

En cet endroit, Orioli, libéral intelligent, s'écria :

— Le signor Frédéric et les doctes Prussiens qui m'écoutent me pardonneront ma pensée : mais je déclare que la Prusse est une menace pour le repos du monde, grâce à cette jeunesse dont elle a armé l'effervescence des plus audacieuses doctrines, et faussé les tendances par les affiliations des sociétés secrètes.

— Voilà qui est parler, dit le Français. Mais, pour la France, elle est inébranlable ; elle a une vitalité, une force intime telles que le trône de Louis-Philippe n'a rien à craindre : au reste, n'est-il pas entouré de grands hommes illustres, vigilants, à la main vigoureuse, à l'esprit droit? que peuvent les cris des *bêtes fauves de la Montagne*? L'administration est sage, la police aussi active qu'habile ; Paris est bastionné comme une forteresse ; nous avons deux mille bouches à feu prêtes à vomir la mitraille ; une armée dont la valeur défie toutes les nations de l'Europe ; est-ce avec cela qu'on cède à une poignée de gens sans aveu qui s'attroupent sur les boulevards, au Champs-Elysées ou au Carrousel?

— Comme il vous plaira ; mais votre journal des *Débats* qui a la vue longue, et connaît le dessous des cartes, nous annonçait, il y a déjà plus d'un mois, certaines nouvelles singulières.

— Quelles nouvelles? *Les Débats* sont vendus aux rouges.

— Vendus! ils servent alors singulièrement leur cause quand ils disent en toutes lettres : « Les *banquets réformistes* » ne sont plus un mystère : pour quiconque n'est pas aveugle, » ou ne cherche pas à aveugler les autres, cette manifestation » n'est pas dirigée contre le cabinet de Guizot, mais contre la » majorité du pays, contre le parti conservateur, contre le gou- » vernement : les radicaux croient à peine avoir besoin de se » dissimuler encore derrière Odilon Barrot ; ils précèdent de » quelques pas les socialistes, et avec ces derniers, on le sait, » marche l'anarchie. »

— Bah! Lous-Philippe se moque de cette tourbe sauvage ;

qu'il veuille, il la dispersera comme une neige chassée par le vent.

Sur ces entrefaites, le secrétaire de la Légation entra plusieurs lettres à la main ; son air était grave, et ce fut d'un air pensif qu'il dit aux causeurs :

— Messieurs, le courrier de Paris est enfin arrivé ; on ne savait à quoi attribuer son retard ; mais on en comprend le momotif par les nouvelles que nous mande notre ambassadeur.

— Qu'y a-t-il ? s'écrièrent tout d'une voix les assistants. On fit cercle autour du secrétaire, et le visage anxieux, on attendit ses paroles.

Celui-ci ouvrit lentement la lettre et dit :

— Messieurs, Louis-Philippe n'est plus roi, et la France est en feu.

— Louis-Philippe est mort ?

— Mieux vaudrait : il eût terminé son règne avec honneur au lieu de s'évader misérablement, et de s'enfuir, lui qui avait deux cent millions, sans un sou, sans un vêtement.

— De grâce, expliquez-vous.

— La chose est fort simple. Les sociétés secrètes, commandées par Caussidière, Pornin, Ledru-Rollin, Louis Blanc, Proudhon, Albert et consorts, ont, sous le prétexte d'une démonstration contre Guizot, envahi le Palais-Royal et même les Tuileries. La populace la plus immonde est descendue armée dans les rues, a élevé des barricades ; et un ramassis d'hommes de désordre, de femmes de carrefours, d'enfants, de repris de justice, ont jeté bas le trône, la constitution et le roi.

— Allons donc, monsieur le secrétaire ! s'écria le Français, vous vous jouez de nous, et nous ne nous méprenons pas sur la plaisanterie.

— Il n'y a là ni plaisanterie ni jeu, répondit froidement le secrétaire : je vous raconte les faits qui sont arrivés de point en point comme je vous les rapporte. La garde nationale de Paris, égarée par l'habileté des factieux, a paralysé l'armée qui a dû se retirer dans ses quartiers ; on a écarté Bugeaud, trompé Lamoricière, joué Odilon Barrot, et les Montagnards ont su réunir sous le même drapeau les rangs de la garde nationale et les flots sanguinaires de la populace. Le 23 février, envahissement du Palais-Royal : des furieux détruisent les meubles, déchirent les tapisseries, brisent les glaces, mutilent les ornements et les sculptures, dégradent et mettent en lambeaux les toiles des grands maîtres, jettent le mobilier par les fenêtres ; et quand ils sortent de ce palais, la veille encore merveilleux de richesses, on eût dit, tant il était ruiné, que l'incendie et non le pillage avait passé par là.

Le 24, une armée de bandits, de femmes et d'enfants marche sur les Tuileries. Louis-Philippe voit entrer courant dans sa chambre M. de Girardin, qui lui dit : « Sire, fuyez, ils sont déjà dans le palais ! »

Le roi s'écria par deux fois : « Comme Charles X ! comme Charles X ! » — La reine Amélie lui prend le bras, et le roi est conduit comme un corps inerte jusqu'aux grilles du jardin qui donnent sur la place de la Concorde.

Le peuple voit sortir ce groupe du palais, on accourt. « — C'est lui, — c'est Louis-Philippe ! Où ? — Ce vieux ! Voici Nemours avec les deux enfants. » Et la foule grossissait, et ses flots se heurtaient contre les grilles ; en cet instant, la reine saisit le bras de son époux ; un cabriolet à un cheval se trouvait là, elle y fait monter le roi, s'y place elle-même, le cocher fouette son attelage, traverse la foule et Paris, et conduit à Eu sain et sauf le couple royal, qui en est réduit à demander en grâce quelque argent au maire de la ville, pour continuer son voyage et gagner l'Angleterre.

Ces étranges événements devinrent l'objet de discussions les plus animées ; mais chacun y lisait la vanité des grandeurs humaines et la faiblesse des gouvernements qui ne sont pas fondés sur la justice.

XVII

VIENNE ET MILAN.

— Signor Bartolo, accourez ! où êtes-vous, signor Bartolo ! Quels événements ! quels miracles ! Enfin vous voilà !

Ces exclamations sortaient de la bouche de Polyxène, qui,

après avoir gravi l'escalier en deux secondes, et traversé haletante un premier salon, entra rayonnante de joie, et impétueuse comme un ouragan, dans le cabinet de Bartolo.

Celui-ci, assis devant un feu clair, pelotonné dans une vaste robe de chambre à ramages et enfoncé dans un moelleux fauteuil, fumait un cigare de La Havane en parcourant le *Contemporain*.

L'arrivée et la joie de Polyxène lui firent lever la tête, et il s'écria :

— Eh bien ! qu'y a-t-il donc? Vous semblez toute transportée?

— Qu'y a-t-il? Qu'y a-t-il? je vous le donne en cent. Vive l'Italie ! signor Bartolo : nos fers sont brisés, nos oppresseurs succombent, l'Italie est libre comme l'aigle qui, rompant ses entraves, s'élève dans l'espace, et planant dans l'éther, méprise la rage impuissante de ses geôliers.

— De grâce, descendez des cieux, et dites-moi ces merveilles qui vous agitent, font trembler vos lèvres et allument des éclairs dans vos yeux.

— Il y a bien de quoi : enfin les vœux de l'Italie s'accomplissent ; son jour approche, son étoile brille, l'Autriche n'est plus.

— Vous rêvez, ma chère demoiselle ! L'Autriche n'est plus ! voyez-vous cela, l'Autriche qui s'enfuit, l'Autriche qui prend la poste, l'Autriche qui s'en va dans la Tartarie ou dans le Pérou...

— Oui, la poste, oui, elle a été prise par l'empereur, par

Metternich, par les archiducs, par la noblesse du palais, et surtout par cette bâtarde police de Vienne qui faisait trembler l'Italie, qui avait rempli de ses victimes les plombs de Venise, les tours de Mantoue, les cachots du Spielberg. Aujourd'hui le trône des Césars est en poudre, et Vienne, la ville de l'empire, est à l'heure où je parle la ville de la démocratie.

— Mais c'est plus qu'un rêve, c'est du délire, c'est de la folie! Certes, les troubles de Paris furent un événement considérable; néanmoins, pour qui n'était pas étranger à l'état du royaume et à l'effervescence des cerveaux français, la chute de Louis-Philippe ne sort pas des limites du possible. Mais que Vienne s'endorme impériale et s'éveille républicaine, voilà qui bouleverse toutes les idées reçues.

Ce matin sont arrivées deux estafettes, l'une pour le consul d'Angleterre, l'autre pour le Vatican ; elles apportaient la nouvelle. Quelques instants après, elle était répandue ; c'était un tumulte, un concours, des serrements de mains, des baisers de joie universels ; partout des cris de : vive l'Italie ! nous sommes libres ! mort au Croate ! mort aux tyrans !

— Je tombe des nues.

Tombez de la lune, s'il vous convient, cela n'empêchera pas les faits d'exister ; et chose plus incroyable, le trône impérial, ce n'est pas une armée valeureuse qui l'a vaincu, c'est une bande d'enfants échappés qui ont couru la ville et crié : Liberté ! mort à Metternich ! A Vienne tout est confusion, terreur ; le peuple s'arme, pille les boutiques d'armuriers, prend d'assaut les arsenaux, dévaste les fonderies, brûle les plus magnifiques palais; la somptueuse villa de Metternich est mise à feu et à sac, surpris par cette soudaine révolution, le prince a dû rester enseveli sons les ruines de ses richesses ou prendre la fuite sous un déguisement. L'empereur...

— De grâce, laissez-moi respirer! vous m'étourdissez, je suffoque.

En ce moment, entrait don Séverin, prêtre vénérable, qui avait été au couvent de San-Dionisio professeur d'histoire, et qui venait parfois rendre visite à son ancienne élève, Alice.

— Entendez-vous, s'écria Bartolo à son aspect, entendez-vous ce que dit mademoiselle? J'en suis tout hors de moi. A Vienne la révolution la plus soudaine met en péril la monarchie!

— Oui, repartit le prêtre. Un bambin de deux pieds peut tuer un géant ; il suffit qu'il presse la détente d'une arme. C'est ce qui est arrivé à Vienne. Le fusil était chargé depuis longtemps. Joseph y avait versé la poudre, en opprimant l'Eglise; le voltairianisme y avait jeté la balle quand il s'assit sur les bancs des parlements impériaux; une fausse politique l'avait armé en laissant faire le mal par peur du pire, en donnant au radicalisme helvétique droit de cité dans l'empire, en n'opposant pas de barrières à l'irréligion assise dans les chaires des universités. C'est alors que la main des sociétés secrètes dirigea l'arme, et fit partir le coup par quatre méchants écoliers.

L'éclair brilla, le coup partit ; c'était fort naturel, et voilà comment on détruit tout.

— Savez-vous, monsieur l'abbé, s'écria Bartolo, que vous parlez comme un livre? je n'avais jamais pensé aux choses si vraies que vous venez de dire.

— Vous n'êtes pas le seul. Un instant de réflexion suffirait pour convaincre chacun et surtout les hommes auxquels Dieu confie le gouvernement des peuples, que sur une pente si glissante l'Europe ne pourrait pas longtemps retenir la folie de son élan ; et une seule chose est étonnante, c'est que les nations n'aient pas encore été précipitées dans ces abîmes où elles s'ensevelissent pour toujours.

— Ne trouvez-vous pas singulier cette succession de bouleversements en Sicile , en France, en Autriche, en Hongrie, partout? La révolution a surgi en une heure de toutes parts ; c'était comme une avalanche qui, se détachant des montagnes, marque sa trace par des ruines.

— Et cela vous étonne? Pour moi, je serais étrangement surpris que les choses fussent autres. Le feu est mis à la mine de toutes parts ; comment voulez-vous qu'elle ne saute pas, et tout avec elle?

— Ces malheurs, s'écria Polyxène avec une rage mal contenue, la faute en est aux prêtres : il n'en faut accuser que ces hommes ennemis de la liberté, rétrogrades endurcis, éternels trembleurs. N'enchaînez pas les peuples, et vous n'aurez plus de révoltes.

— Si vous avez, mademoiselle, autant de raison que de pétulance, vous devez savoir que la vraie liberté des peuples est inséparable de la soumission envers Dieu, l'Eglise et l'autorité légitime des pouvoirs : sans ces trois conditions, la liberté n'est que licence ; elle porte avec elle la destruction, et elle précède la tyrannie, ce châtiment des nations superbes qui ont lassé Dieu.

Sur ces mots, don Séverin prit congé.

Polyxène était immobile, mais tremblante de colère.

Bartolo se leva et alla au Corso s'informer des nouvelles

Les démagogues savaient, tout comme don Séverin, qu'il n'y a pas de liberté hors de Dieu; aussi prirent-ils le masque de la religion : il fallait donner le change aux peuples encore trop fidèles à l'Eglise, et décidés à ne pas jeter leur âme et leur conscience en pâture à une liberté sans foi.

Les troubles d'Autriche leur fournirent l'occasion d'appeler la jeunesse italienne à une guerre qu'ils appelèrent *religieuse et sacrée;* selon eux, l'étranger profanait les églises, insultait les images des saints , renversait les autels, persécutait les évêques, tyrannisait le clergé, enlevait les femmes, forçait les vierges, massacrait les enfants. Il fallait se lever, se croiser pour la lutte sainte; avec Dieu et Pie IX pour protecteurs, avec la valeur italienne pour guide, la victoire attendait les combattants sur les bords de l'Adige, du Bachiglione et du Tagliamento.

Le 10 mars, Milan se soulevait contre la garnison autrichienne; après une lutte acharnée, le château était emporté, tout l'armement pris, l'étranger chassé. A cette nouvelle, les cités lombardes et vénitiennes prennent les armes. Surprise à l'improviste dans ses cantonnements, l'armée du maréchal Radetsky se trouva enveloppé de toutes parts et ne put résister au torrent qui l'inondait.

Dans les populeuses campagnes de Lombardie, les paysans se mirent à la poursuite des Autrichiens dispersés, coupèrent les routes militaires, firent sauter les ponts, barricadèrent les défilés. Vainqueurs d'un obstacle, les soldats tombaient dans un autre ; pour un piége évité, cent nouveaux surgissaient, privés de vivres, brûlés de soif, accablés de fatigue, harcelés sans trève, exposés aux inclémences du ciel et à celles des hommes, bien peu purent arriver jusqu'à Vérone, ou aux forteresses de Feschiera, de Legnago ou de Mantoue.

Le Piémont se préparait à réaliser des rêves depuis longtemps caressés; le moment lui semblait propice pour s'agrandir et former un royaume d'Italie, avec le Pô, les Alpes et les deux mers pour limites. Le Tessin fut franchi, et l'armée s'avança, serrée, jusqu'au cœur de la Lombardie; Charles-Albert et ses fils, les ducs de Savoie et de Gênes, la conduisaient. Les régiments ne touchaient pas Crémone que déjà les duchés de Parme et de Modène se soulevaient, chassaient leurs princes, et travaillés par de secrets émissaires qui leur promettaient franchises et priviléges sous la glorieuse croix de Savoie, se jetaient entre les bras de Charles-Albert. Enflammée par les cris de liberté que poussaient par toute l'Italie les coryphées de l'indépendance, la jeunesse lombarde et toscane accourut pour se joindre à l'armée subalpine, et combattre dans la guerre sainte.

Rome ne pouvait demeurer spectatrice indifférente de l'ardeur généreuse qui enflammait les contrées supérieures de l'Italie, surtout dans un moment où cette malheureuse ville était le foyer de la démagogie la plus effrénée, le centre des bannis de tous les Etats, le cloaque où venait se jeter la fange des sociétés secrètes.

A la nouvelle des mouvements accomplis à Venise et en Lombardie, le premier but des agitateurs fut d'opérer une rupture brutale et complète avec l'Autriche, et de mettre le Pape dans une situation tendue, hostile, violente même, contre cette grande nation. Rome avait déjà tressailli de joie aux victoires déplorables du radicalisme suisse contre les anciens cantons catholiques : ce ne fut plus du bonheur, ce fut du délire quand elle vit abattu par l'impiété allemande, ce vieux trône qui, pendant plus de trois siècles, avait neutralisé les menaces de l'hérésie envahissante et l'avait forcé de respecter les contrées méridionales.

Illuminations, canonnades, hurlements de : Vive l'Indépendance ! Mort à l'Allemand ! remplissaient les sept collines. Mais ce n'était pas assez. Il fallait faire à l'Autriche un outrage plus solennel, fouler aux pieds le droit des gens, tacher l'honneur de l'Eglise Romaine, violer avec l'hospitalité le domicile de l'ambassadeur impérial, et jusque dans son palais, crier : Mort au comte de Lutzow.

Hurlante, effrénée, une vile populace toute pavoisée aux couleurs tricolores dressa des échelles et monta à l'assaut des armes impériales. Les aigles furent détachées de la porte du palais et jetées bas. La foule les saisit, les attacha au bout de longues cordes, et tous les satellites de Cicervacchio les trainèrent par les rues, au milieu d'un indescriptible désordre. Les Troyens déployèrent moins d'enthousiasme quand ils eurent attaché leurs câbles au cheval des Grecs, pour l'introduire par la brèche dans la sainte cité d'Illion, et le traîner jusqu'au temple de Minerve.

Mais le triomphe n'était pas complet. Un âne passait d'aventure, on l'arrête; des portefaix, la valetaille s'arment de haches, de couperets, fendent les armes impériales, et les placent mutilées sur le dos de l'animal.

Un des forcenés le saisit par la queue, deux autres par la bride, et ils le conduisent, criant tant qu'ils avaient de voix :

— Tel est l'honneur que mérite l'Allemand.

La populace suivait, frappant l'âne et hurlant :

— Au feu ! A la potence !

Arrivé à la place du Peuple, le cortége allume un tas de paille, y jette les armes autrichiennes, et danse autour du foyer. Puis un lazarone, profond politique, s'adresse à la foule :

— Romains, il faut tuer cet âne; il a porté les aigles maudites, il suffit : il est infâme et excommunié.

A cette ouverture, le maître de l'âne, qui n'était pas progressiste, s'écria :

— Romains, vous ne souffrirez pas qu'on égorge ce pauvre animal, qui, en fin de compte, est un âne italien.

— Bravo ! il a raison, s'écria un carbonaro. Le sang italien est sacré.

Sur ce, l'âne fut conduit au Tibre ; on le lava, savonna, frotta, et il sortit du fleuve, purifié de toute souillure impériale.

XVIII

LE PORTE-DRAPEAU.

Quand on connut d'une façon positive le soulèvement de la Lombardie, la marche de Charles Albert, et la levée de volontaires qui, de toutes les contrées de l'Italie, couraient à l'armée, une fermentation violente agita Rome. Les chefs de la ligue secrète l'excitaient de la tête et de la parole.

Dans le cercle du peuple, autour des agents, messagers, courtiers de recrutements, enrôleurs de volontaires, s'entassait à flots tumultueux une foule de jennes gens avides de grossir les rangs des preux.

Par ordre du ministre de la guerre, des rôles furent ouverts à cette nouvelle milice ; le général de la garde civique lança des proclamations. Cicervacchio et sa bande s'étaient faits orateurs et tribuns. Au coin de chaque rue, sur les places publiques, perchés sur des bancs, des bornes de fontaines, des tonneaux, ces Démosthènes, agitant des étendards tricolores, ameutaient la populace.

— Au combat, Italiens, au combat ! La patrie appelle ses valeureux fils ; la liberté est là ; et dans les plaines de la Lombardie, elle vous attend. Aux armes, aux armes, Romains !

Excités par ces provocations, ivres d'enthousiasme, des jeunes gens, des enfants allaient, se faisaient inscrire soldats. Devant leur folie guerrière, les larmes des mères, les caresses des sœurs, l'autorité paternelle demeuraient impuissantes ; études, espérances, famille, affections, jeunesse, tout cela était jeté en sacrifice à la fureur des combats.

On vit chez quelques-uns la cruauté dépasser les bornes de la nature : des fils uniques abandonner une mère veuve, sans soutien, des sœurs sans protection, et s'enfuir, les vouant au dénûment et au désespoir ; des maris, saisis de cette contagion sanguinaire, disparaître sans même dire adieu à leurs jeunes femmes, sans embrasser leurs petits enfants, sans songer qu'ils allaient faire de leurs épouses des veuves, de leurs fils des orphelins, de leur famille entière des affamés.

L'amour de la patrie est subordonné aux devoirs de la nature ; un culte ne doit pas étouffer l'autre, bien qu'en pussent dire les fougueux prédicateurs de la croisade pour l'indépendance. Au reste, quand il fallut partir, ils remirent la croix dans leur poche, et n'eurent garde de laisser la fumée de leurs cigares pour celle des canons, et la poussière du Corso pour celle des batailles.

Il fallait voir ces Gracques, ces Brutus pérorer de loin contre le Croate, exciter au combat, dégaîner le glaive de la parole, pour fendre d'estoc et de taille des bataillons entiers, les rompre, les tourner, les poursuivre, les massacrer sans quartier, et après la victoire si bien gagnée, se rendre à l'hôtel de l'*Angioletto,* du *Triton* et des *Trois-Rois*, y faire bonne et grasse chère, s'arrondir l'estomac et vider les flacons de Velletri et d'Orvieto aux cris de : Vive l'Italie ! vive l'Indépendance ! mort à l'Allemand !

Aser avait travaillé à l'enrôlement des volontaires. Mais il n'avait pas cru devoir arracher les fils des bras de leurs mères : il aurait considéré comme une déloyauté criminelle de séduire des enfants sans expérience pour les conduire aux hécatombes des champs de batailles.

Laissant donc les adolescents à leurs familles et à leur jeunesse, il avait enrégimenté les aventuriers et les criminels que l'espoir de coups de mains heureux avaient de partout attirés à Rome.

Les coupe-jarrets avaient du reste deviné juste : les temps leur étaient favorables ; toute police avait disparu, l'épée de la justice était brisée, le gouvernement sans force, les bons sans énergie, les factieux assez puissants pour paralyser la volonté du Souverain-Pontife. Les malfaiteurs épuisaient Rome de leurs rapines, ou s'étaient vendus à la secte qui les entretenait moyennant une solde modique ; et, dans l'espoir de piller les villes de la Lombardie, ils s'étaient inscrits sur les rôles d'Aser, brûlant de commencer la guerre de l'indépendance. Les chefs du comité secret avaient résolu d'en former des corps-francs, des enfants perdus, qui serviraient toujours d'avant-garde, et au besoin de chair à canon.

Mais Aser était loin d'entrer en campagne avec bonheur : il avait au cœur une autre passion que celle de la liberté et de la gloire italiennes. L'amour qui dominait son être était d'autant plus tyrannique et douloureux, qu'il était virginal de pureté et dénué d'espoir. Mais le jeune homme était bien différent des autres champions de sa cause, qui, après avoir excité les autres à partir, restaient eux-mêmes à Rome, simples spectateurs de la guerre. Aser, comme envoyé des sociétés allemandes, devait se jeter dans les plus dangereuses extrémités, activer par sa présence les entreprises, et tenir avertis des mouvements en Italie, les conjurés de Vienne, de Hongrie, de tous les Etats allemands.

Alice, d'autre part, était plongée dans de vives alarmes. Elle voyait avec terreur Aser prêt à partir pour une guerre si pleine d'incertitude et de dangers ; elle se le figurait tué dans un combat, expirant sans secours ; et n'y eût-il que les fatigues de la campagne, les inclémences du ciel, les campements de nuits sur la terre dure, les alertes incessantes, les privations de chaque jour, les périls de chaque heure, pourrait-il les supporter? La jeune fille ne voulait pas s'avouer à elle-même qu'elle aimât Aser; elle nommait compassion, sympathie, reconnaissance, le sentiment mystérieux qui remuait son cœur.

Enfin elle apprit qu'Aser devait partir sans retard avec l'avant-garde des légions. Elle se demande longtemps si elle manquerait à ses devoirs en donnant à l'homme qui l'avait sauvée, un témoignage de sa gratitude.

Elle y pensa, y repensa longtemps; ce furent des doutes, des remords excités, puis calmés; des résolutions prises, suivies de perplexités qui cédaient pour renaître encore; enfin, étouffant cette lutte intérieure, elle résolut d'envoyer au jeune homme une médaille de l'Immaculée-Conception, qu'on appelle la *médaille miraculeuse*. Elle la suspendit à un cordon de soie rouge, et avant de la placer dans une boîte d'ivoire richement sculptée, elle baisa l'image de la Vierge, qu'elle pria ardemment de tourner des regards de miséricorde vers ce pauvre égaré, de le protéger dans les périls, de veiller sur lui en toute occurrence, mais surtout de ne pas l'abandonner à l'heure de la mort, de lui toucher le cœur, de lui donner la grâce du repentir, de la conversion et du salut.

Elle achevait, quand son maître d'anglais arriva. La leçon terminée elle lui dit :

— Voudriez-vous, signor Alfredo, me faire un grand plaisir?

— De tout cœur, mademoiselle.

Alice tira alors d'un sachet le reliquaire, et dit en rougissant et les yeux baissés :

— Vous m'avez annoncé que votre ami, le signor Aser, est sûr le point de partir pour la guerre : voulez-vous lui donner de la part d'une jeune fille romaine cette médaille de la Vierge, en le priant de la suspendre à son cou et de la conserver toujours ? Mais je vous demande en grâce de ne pas me nommer ; le signor Aser est si bienveillant qu'il acceptera ce souvenir sans avoir besoin de connaître de qui il vient.

Alfred ne se donna pas de trêve qu'il n'eût trouvé Aser. Celui-ci se dirigeait vers sa demeure, triste et agité ; il devait partir le soir et il n'avait pu, malgré ses efforts,, apercevoir Alice même de loin. Alfred, tout joyeux, et d'un ton de mystère, lui dit :

— Bonne nouvelle pour toi, mon ami !

— Laquelle? répondit Aser avec indifférence.

— Une nouvelle qui te fera pousser des ailes.

— Mon cher Alfred, je n'ai guère le temps de plaisanter aujourd'hui : les affaires me pressent.

Le jeune homme tira de sa poche le reliquaire, l'ouvrit à moitié, et dit à Aser qui le regardait :

— Une jeune fille de Rome t'envoie ce présent ; elle m'a expressément recommandé de ne pas la nommer ; mais, comme entre amis il n'est pas de secrets, sache que celle qui t'envoie cette médaille, et te prie de la porter toujours à ton cou en souvenir d'elle, c'est Alice.

Aser, pâle, tremblant d'émotion, saisit d'un mouvement convulsif la médaille, et sans oser jeter un regard sur l'image de Marie, il la glissa sur sa poitrine.

— Alfred, s'écria-t-il, dis à cet ange que jamais je ne me séparerai de son présent ; je le jure. C'est pour moi un bonheur grâce auquel j'affronterai sans crainte et les escadrons et la mitraille : ni glaive ni balle ne me touchera. Fais-lui mes adieux... qu'elle prie pour moi !

Puis il prétexta la fièvre, pour se séparer d'Alfred et rester seul avec ses pensées.

Arrivé chez lui, il tomba à genoux, abaissa jusqu'à terre son front superbe, puis relevant la tête, et tenant la médaille entre ses deux mains :

— Dieu du Ciel, je ne suis pas chrétien, tu le sais ; mais répands sur l'image de cette *femme* les bénédictions que tu as promises à nos pères. Considère, non pas mon iniquité, mais l'innocence d'Alice, semblable à celle que tes prophètes appelaient « la Vierge de Sion, la fleur de Jessé » Après cette prière, il se releva le cœur consolé, et comme envahi par un calme plein de douceur qu'il n'avait jamais éprouvé dans les réunions des sociétés secrètes : heureux s'il eût pour toujours rompu avec l'esprit du mal, et fui la fascination perfide qui l'entraînait vers les sentiers de l'impiété et les abîmes des conjurations !

Cependant Bartolo, obstiné dans ses utopies de confédération, croyait voir régénérer par elle les États de la Péninsule, et ne s'apercevait pas des orages qu'amoncelaient les perfides manœuvres de la Jeune-Italie. Dupé par l'hypocrisie des meneurs qui déclaraient la guerre *sainte* et *chrétienne*, il contemplait avec une douce joie la croix devenue l'emblème de ces preux; on ne lui aurait pas ôté de la tête que chasser les Allemands de la Lombardie ne fût pas un rajeunissement des croisades, une œuvre semblable à l'expulsion des Sarrasins, et à la délivrance du tombeau du Christ. Combien d'hommes d'honneur, de religieux, de prêtres mêmes à Rome et par toute l'Italie tombèrent dans une erreur semblable! Celui qui aurait émis un doute, eût passé pour un ennemi du bien public, pour un traître.

Un jour, comme il endossait son uniforme de garde civique pour se rendre au quartier, Bartolo fut troublé dans cette importante affaire par l'arrivée importune dans sa chambre, de sa parente Adèle qui, sans se faire annoncer, bouleversée et toute en larmes, se laissa tomber sur un siége, et au milieu de ses pleurs :

— Mon cher Bartolo, je vous en conjure, secourez-moi : je suis une bien malheureuse mère ; ayez pitié de ma douleur.

— Qu'y a-t-il donc, Adèle? Quel événement....

— Mimo et Lando...

— Eh bien?

— Ils veulent partir pour la guerre; partir! Au nom de la Vierge, venez, détournez-les d'un projet insensé. Mon mari, ma fille, mon dernier fils Sévère se désolent; partout des sanglots. Nina se jette au cou de ses frères; chacun supplie, rien ; ils persistent, il vont me quitter ! Bartolo, courez. Je leur ai enlevé leurs fusils, je les ai enfermés dans leurs chambres ; ils menaçent d'enfoncer la porte.

Bartolo offrit le bras à Adèle, et ils partirent.

La maison de la malheureuse femme retentissait de cris, de gémissements, de sanglots, quand ils y arrivèrent.

Mon Dieu, qu'y a-t-il ? murmura Adèle.

— Ah ! maman, dit le petit Sévère, Lando s'est mis dans une colère furieuse contre papa qui ne voulait pas lui donner d'argent ; il s'est jeté contre la porte de votre chambre, l'a enfoncée, a pris son fusil. Mimo a fait de même, et tous deux ont couru rejoindre les bataillons des étudiants, dont le tambour avait déjà annoncé le départ.

A cette nouvelle, Adèle s'affaissa, évanouie. Tandis qu'on s'empressait pour lui faire reprendre ses sens, Bartolo s'était élancé à la poursuite de ses neveux, et prenant les devants, était allé les attendre à la place du Peuple où leur troupe devait faire halte et attendre l'avant garde, les voltigeurs d'Aser.

Bientôt ils arrivèrent. Bartolo courut à ses neveux, et par les plus affectueuses paroles les engagea à reprendre le chemin de la maison paternelle, leur peignit la douleur de leur père, l'état plein de danger où ils avaient réduit leur mère ; qu'ils vinssent seulement l'embrasser, ils seraient libres de repartir plus tard avec les autres légions.

Les deux jeunes gens, que l'infernale habileté des démagogues avait déjà endurcis, répondirent froidement à leur oncle :

— Notre volonté de partir est inébranlable : la patrie est plus sainte que les faiblesses d'une mère ; faites-nous envoyer de l'argent à Ancône.

Bartolo voulait insister, mais tous les adolescents qui l'entouraient, et dont la plupart s'étaient échappés des bras de leurs mères, commencèrent à lui prodiguer des injures et des menaces.

— Qu'il aille au diable, ce *noir*, ce papiste morveux (1), vil sacristain, ce traître, ce jésuite ! A bas le jésuite !..

Et Bartolo voyant déjà les mains s'allonger menaçantes, et les dagues sortir du fourreau, dut mettre en sûreté sa personne, se jeta dans sa voiture et revint consterné. Il commença à comprendre quels fruits de religion d'urbanité produirait l'arbre de la liberté italienne.

Le lendemain, vers huit heures du matin, il se rendit au quartier. Un cercle d'officiers s'entretenait du départ de la première légion, et chacun le racontait à sa façon.

— Ils sont partis à quatre heures, disait l'un.

— A quatre heures et quart, criait un autre.

— Je vous demande mille pardons.

— Et moi, je suis sûr de ce que j'avance, ayant entendu sonner l'horloge de la place d'Espagne.

— Quel beau cheval blanc avait le colonel.

— Vous voulez dire pommelé?

(1) Notre plume se refuse à rendre dans son énergie l'expression italienne.

— Rêvez-vous? Le cheval était bai; c'était celui de l'adjudant dont vous parlez.

— Non, non.

— Si, vous dis-je.

Et les interpellations allaient se croisant. Mais lorsque parut Bartolo, il se fit tout à coup un silence profond, accompagné de signes et de clignements d'yeux.

Quelles bonnes nouvelles m'apprendrez-vous, messieurs? demanda-t-il.

Des nouvelles, mais c'est à vous de nous en donner, répondit un jeune homme qui lissait la crinière de son casque. Avez-vous vu ce matin Polyxène?

— Non, elle est sortie de fort bonne heure.

L'assemblée accueillit cette réponse avec une bruyante hilarité.

— Pourquoi donc riez-vous, messieurs? demanda Bartolo.

— Parce que, lui dit un capitaine, votre Polyxène est sortie encore plus matin que vous ne dites; vous ignorez donc qu'elle est partie comme une antique amazone, sous le costume d'un soldat? Il fallait voir avec quelle tournure elle portait le pantalon rouge et la tunique! Sur ma parole! elle avait bon air avec la carabine sur l'épaule et le poignard au côté.

— Comment! s'écria Bartolo, vous ne me ferez pas croire...

— Libre à vous. Cela n'empêche pas Polyxène d'être en marche avec les légions, pour la délivrance de l'Italie. Quelle maîtresse femme, mille bombes! On lui offrit d'abord de monter dans les voitures d'ambulance, mais elle refusa, s'obstinant à marcher à pied. Les applaudissements éclatèrent de toutes parts; le colonel, charmé du courage de la jeune fille, la créa sur-le-champ porte-enseigne de la première compagnie, et lui confia le drapeau qu'elle saisit fièrement ; et comme on n'avait pas à lui donner de galons d'or, insigne de son grande, un sergent du sixième bataillon de la Civique détacha les siens et vint les placer sur le bras de Polyxène ; et tous les soldats de crier : Vive le porte étendard de la première compagnie !

Pendant ce temps, Alice attendait son amie ; elle était entrée dans son cabinet d'étude, quand s'approchant de la table, elle aperçut une lettre adressée et de l'écriture de Polyxène. Qu'est-ce? elle ouvre le pli tout anxieuse, et y trouve les lignes suivantes :

« Chère amie,

« La patrie m'appelle, je réponds à sa voix ; elle me convoque à l'œuvre de la liberté, j'y cours ; elle m'ordonne de chasser l'étranger, j'obéis. Un cœur vraiment italien ne saurait croupir plus longtemps dans le sommeil de l'esclavage ; et quand les preux enfants de l'Italie marchent aux batailles, vivre dans l'oisiveté est infâme.

» Alice, ton étroite piété t'empêche d'entendre ces accents de la mère-patrie ; j'aurais voulu faire de toi une femme virile, vaillante, héroïque, en un mot vraiment italienne : tu es restée, malgré moi, arriérée, dévote, bornée, superstitieuse. Reste avec tes Madones, marmotte tes patenôtres, pour moi je pars.

« Un souvenir à ton père ! Voilà encore un homme qui aurait dû courir aux combats ! Mais il est de ceux qui veulent la liberté de la nation, mais ne remueraient pas pour cette œuvre le plus petit de leurs doigts ; du reste, papiste comme je le connais, il ne rêve l'Italie qu'avec les mîtres, la pourpre et le trirègne, en un mot l'Italie de Grégoire VII et d'Alexandre III ; pour nous, l'Italie que nous voulons, c'est celle de Guerrazzi, de Poërio, de Mazzini.

« Adieu, et toute à toi,

« POLYXÈNE. »

Lorsque Bartolo revint chez lui, il trouva Alice bouleversée et comme hors d'elle-même. Cette nouvelle imprévue avait si fort troublé la jeune fille, que son père jugea sage de ne pas la laisser seule dans les premiers instants ; il fit atteler et l'envoya chez sa tante Adèle, où elle trouverait des consolations, et où elle aurait à en donner elle-même à la pauvre mère.

Resté seul, il se mit à parcourir ses appartements d'un pas fiévreux ; il pensait au ridicule que cette affaire ne manquerait pas de lui attirer ; il se voyait le jouet de Rome entière ; les rires, les quolibets, les railleries allaient pleuvoir sur sa tête ; et, chose plus grave encore, tous les honnêtes gens le taxeraient d'imprudence et d'aveuglement, pour s'être grossièrement trompé, pour avoir confié sa fille à une aventurière sans pudeur.

Ces pensées le poursuivirent jusque dans la chambre de Polyxène ; la cheminée était remplie de papiers brûlés pendant la nuit; Bartolo en ramena un certain nombre que la flamme n'avait pas entièrement consumés, et il lut sur l'un :

« Raven... Ordre d'assassiner Jules Mer... »

Sur un autre :

« A mort les religieux, à mort les prêtres, à mort les cardinaux !... il est temps. »

Sur un troisième :

...: « Protestante... Rome heureuse et libre. »

Dans le bureau de l'institutrice se trouvaient nombre d'enveloppes portant des adresses de convention, qui servaient à la correspondance entre conspirateurs ; quelques-unes portaient le timbre de la Haute-Italie, de la Toscane, de la Suisse, de l'Angleterre même : c'étaient des missives que la bonne personne avait été recevoir directement à la poste. — En poursuivant ses investigations, il découvrit, dissimulé au fond d'un tiroir, un élégant coffret d'ébène. Polyxène l'avait sans doute oublié dans sa précipitation, elle n'en avait même pas retiré la clef. Bartolo l'ouvrit ; le coffret avait trois compartiments, et chacun d'eux était rempli de papiers soigneusement pliés, parfois même entourés de rubans de soie. Bartolo les prit ; le premier qui lui tomba sous la main était la lettre adressée, sous le nom d'*Améthiste*, par Polyxène à la *Jeune-Italie*. — Un autre contenait des éloges décernés à l'institutrice pour ses services signalés à la *Sainte-Alliance*. Dans un autre encore, le *Grand-Comité* la créait *propagatrice* de première classe et lui assignait nombre de *districts*, outre celui de Rome. Enfin, dans un dernier paquet, entouré d'un cordon noir, étaient les proscriptions, les sentences de mort, où elle avait pouvoir d'inscrire les noms des *traîtres* et des *suspects*.

Bartolo sentait une sueur froide inonder son visage; tandis qu'il parcourait les noms des victimes désignées, une sorte de terreur le saisit, et il fut sur le point d'abandonner sa sinistre lecture. Enfin, affermissant son énergie, il passa au troisième compartiment du coffre. Un seul papier s'y trouvait, c'était la liste des hommes liés à l'association. Quels noms y lut Bartolo ! Que d'hypocrisies lui furent en cet instant dévoilées ! Que de traîtres qui, liés à leur Dieu, à leurs princes par leurs fonctions, par leurs serments, affichaient au dehors une fidélité pompeuse et la violaient dans le secret d'une âme félone ! Que de jeunes gens entraînés par leur imprudente ardeur ! Que de femmes même, et de celles dont le monde vantait l'honneur et la piété !

Le papier parcouru, il se hâta de refermer la cassette ; il regrettait de connaître cette liste, il s'efforçait d'oublier les noms, qui assiégeaient, importuns, son souvenir ; en vain il fermait les yeux, ils étaient là, toujours.

— Si cette misérable femme, pensait-il, se rappelle avoir laissé ici ce coffret ouvert, si elle se doute que je l'ai vu, je suis un homme mort.

Enfin, anxieux et comme tremblant d'être observé, il prit le coffret, le remit dans le bureau.

— C'est là qu'il était. — Non. — Un peu plus à gauche. — Là. — Dans le coin. — Bien.

Et il sortait comme une ombre de la chambre, quand un bruit de voix dans l'antichambre frappa son oreille et il entendit le portier Angiolo répondre :

— Non, messieurs, non : ou vous me direz vos noms ou je ne vous introduirai pas.

Le cuisinier et le cocher étaient accourus au bruit de l'altercation qu'ils aggravaient. Bartolo sonna.

Angiolo accourut ; il était pourpre de colère.

— Que veut dire cette altercation ? Quels sont ces gens ? lui demanda Bartolo.

— Je n'ai fait que mon devoir ; il y a en bas deux individus à figure sinistre qui m'ont demandé Bartolo Capegli tout court ! Croyez-vous être chez un charretier ? ai-je répondu ; apprenez que mon maître se nomme *Il signor* Bartolo. — C'est bien ; nous voulons lui parler. — Mais vous-même, quel est votre nom ? Qui dois-je annoncer ?

« — Vite donc, animal, nous sommes ce que nous sommes.

« — J'ai ordre de ne laisser entrer personne sans qu'il m'ait dit son nom, avez-vous compris ? »

Eux, alors, de se hérisser et de proférer des menaces. J'aperçois la toque blanche de Christophe qui accourt à mon appel, et derrière lui le cocher, son fouet à la main. Il fallait voir comme les coquins se radoucirent ; souples comme des gants, ils se décidèrent à dire qu'ils venaient de la part de la signora Polyxène, que... et c'est à ce moment que vous m'avez sonné.

— Fais entrer dans mon cabinet, dit Bartolo.

En même temps il prit deux pistolets pendus au mur, et les glissa dans ses poches à tout hasard. Les deux hommes parurent, saluèrent, jetèrent sur Bartolo un regard où perçait la défiance et presque la menace, et l'un d'eux prit la parole.

— Nous sommes envoyés ici par la signora Polyxène, pour y prendre un coffret qui lui appartient.

— De quel coffret parlez-vous? répondit Bartolo d'un air indifférent. Savez-vous où il se trouve ?

— La signora prétend l'avoir oublié dans sa chambre ; il doit être dans un bureau, à droite de la fenêtre.

— Venez, nous allons le chercher. Vous a-t-elle donné la clef du meuble ?

— Il est ouvert : le coffret est d'ébène avec incrustations d'argent ; la clef est en acier.

Bartolo les conduisit dans la chambre de Polyxène, et, avec le plus grand calme, leur dit :

— Cherchez, messieurs.

Ils fouillèrent plusieurs meubles, et enfin dans l'un d'eux, au fond d'un tiroir, découvrirent la cassette d'ébène ; ils la saisirent en s'écriant :

— C'est bien cela.

— Un instant, messieurs, s'écria Bartolo : je vais sous vos yeux fermer ce coffre, l'envelopper avec sa clef dans une couverture de toile, et sur les plis apposer mon cachet et ma signature. Puis vous me donnerez un reçu.

Ainsi fut fait ; et les deux émissaires partirent tout joyeux, avec la ferme confiance que Bartolo n'avait rien vu, rien soupçonné. Bartolo leur dit adieu du fond de son âme, et quand ils quittèrent le seuil de sa porte, il se sentit délivré comme si un mauvais esprit s'était éloigné de lui.

XIX

LA LETTRE.

Quelques jours après, un matin, Bartolo gravissait à pas lents la hauteur de Monte-Citero. Il tournait et retournait entre ses mains une lettre, regardait la suscription, examinait le timbre.

— D'où peut me venir cette lettre ? Ces empreintes de la poste ne sont qu'un affreux gribouillage. Il me semble deviner pourtant le cachet de Foligno. Oui, Foligno ! Mais je n'y connais personne. Lisons.

Et joignant le geste aux paroles, il ouvrit la lettre, prit son lorgnon, regarda la date

C'est Foligno, Foligno, comme je l'avais dit.

Et sa curiosité non satisfaite tourna la page et courut à la signature.

— Lando ! Maintenant qu'il a fait une sottise, il vient m'implorer ! A d'autres ! Ah ! mauvais garnement ! ah ! pendard ! Un enfant qui fait évanouir sa mère, qui l'abreuve de chagrins ! Voyons ce que peut me dire ce beau sire.

Et il commença sa lecture, marchant, s'arrêtant, reprenant sa promenade, relisant certains passages, et faisant de petits clignements d'yeux qui témoignaient chez lui d'une grande satisfaction. L'épître terminée, il la replia avec soin, la glissa dans sa poche et s'écria.

— Il est impossible de ne pas convenir que nos jeunes Romains ont le meilleur caractère du monde. Vifs comme la poudre, fougueux comme des poulains, fiers comme des lions, ils entassent imprudences sur imprudences, folies sur folies, mais ils n'ont pas plus tôt commis une sottise qu'ils s'en repentent.

Tout en parlant ainsi avec lui-même, Bartolo s'était dirigé vers la demeure d'Adèle.

A la nouvelle d'une lettre de son fils Lando, son Benjamin, la pauvre femme fut saisie d'une sueur froide, ses yeux s'emplirent de larmes, un tremblement nerveux la saisit, elle fut près de défaillir. Puis, par cette sotte pudeur que nous avons tous de nos tendresses :

— Non, non, s'écria-t-elle, je ne veux rien entendre ! les ingrats ! les dénaturés ! comment ont-ils traité leur mère ! Je ne veux pas entendre parler d'eux, que Dieu les conduise : je n'ai plus de fils.

— Cependant, Adèle...

— Alice, mon mari, venez vite ! avez-vous entendu ?

— Qu'y a-t-il ?

— Lando vient d'écrire à son oncle. Avant tout, mon cher Bartolo, dites-moi, comment vont-ils? Pauvres enfants, que de souffrances! que de privations! que de nuits sans sommeil, n'est-ce pas? Élevez donc vos fils avec tant de soin pour en faire de la chair à canon!

— De grâce, Adèle, calmez-vous un peu, voici la lettre :

« Mon cher oncle,

» Je n'ose plus me présenter devant vous, mais vous êtes si bon, vous avez l'âme si élevée que vous ne sauriez me repousser : je vous demande pardon à deux genoux. Croyez-moi, je n'avais pas franchi la porte du Peuple que déjà le remords de mon indigne conduite me déchirait. L'image de ma mère revenait, persévérante et cruelle, devant mes yeux : je la voyais défaillir, je l'entendais pleurer ; que n'aurais-je pas donné pour la serrer dans mes bras et la consoler? »

Les derniers mots furent couverts par les sanglots d'Adèle; larmes de joie que Bartolo respecta quelques instants par son silence, puis il reprit :

Lando continue à exprimer ses beaux et tendres sentiments d'amour filial, et demande votre bénédiction pour lui et pour Mimo. — Vous ne leur refuserez pas, Adèle.

— Qu'ils soient bénis mille fois, murmura la mère toujours pleurant.

Bartolo lui-même était ému, il lut quelques lignes à demi-voix, puis

— Ecoutez ceci.

« Mon cher oncle, comment vous décrire l'accueil que nous avons reçu partout? Nos fourriers nous précèdent d'une demi-journée, et nous annoncent : c'est dans toutes les villes le signal d'une joie indicible. Les amis de l'Italie vont quêter de maison en maison, pour nous offrir repas, fêtes, magnificences, ovations. Gare à qui refuserait : une grêle de pierres dans ses fenêtres : aussi chacun donnerait jusqu'à son matelas. C'est un immense cri de : Vivent les légions romaines! Vivent les libérateurs de l'Italie! Des fenêtres, les dames laissaient tomber sur nous une pluie de bouquets et de guirlandes. Nous les recevions à la pointe de nos baïonnettes, les fleurs ruisselaient sur nous en festons odorants, et les dames s'écriaient : Braves Italiens! ces couronnes sont la récompense du patriotisme qui vous a poussés aux périls. Nous vous en réservons d'autres à votre retour pour peine de vos victoires.

» Bref, c'est un véritable engouement, mais qui nous coûte bon. On écrit à Rome, je le sais, que nous sommes frais comme roses, et que, après avoir secoué la poussière de la route, nous passons toute la nuit en fêtes et danses. Rien n'est plus faux. Nous arrivons aux étapes, défaits, harrassés, moulus, presque anéantis ; un instant de repos nous semble le plus enivrant plaisir : on s'étend sur une table, on tombe sur une planche, on se jette n'importe où, sur le dos, sur le flanc, sur le ventre, et l'on ne bouge plus.

» Au reste, ne vous inquiétez pas ; désormais adieu les fatigues. Aser, qui est chargé d'une mission au camp du roi, nous a offert gracieusement de nous prendre dans sa voiture. Nous y avions pour compagnon Polyxène, qui va animer les jeunes gens de Pologne à la guerre contre l'étranger. »

— Qu'ai-je entendu? interrompit Adèle. Ah! mille fois mieux vaudrait pour eux la fatigue, l'épuisement, que la société d'Aser et de Polyxène!

Alice baissa les yeux, et Bartolo répondit :

— Que voulez-vous, ma chère amie? Ils sont grands garçons, *ætatem habent.*

— C'est cela, parlez-moi latin. Belle consolation, votre latin n'empêchera pas que Mimo ne fréquente Polyxène, et que cette diablesse ne l'ait ensorcelé!

Bartolo reprit la lecture :

« Chaque jour nos rangs se grossissent d'une valeureuse jeunesse qui arrive de partout. Bianchi de Recanati, est chargé de visiter les universités de Pérouse, de Camerino, de Macerata, et d'inviter les étudiants à se réunir à nous : il nous en viendra plus d'un bataillon. »

— Un bataillon! que de mères pleureront. Ah! têtes chaudes! esprits faux, cervelles creuses!

— Adèle, soyez donc raisonnable, du reste la lettre est finie.

XX

LA BLESSURE.

Dans la riante et fertile plaine qui s'étend, semée d'ondulations et plantée d'arbres et de vignes, entre les rivières de Livenza et du Tagliamento, se trouvait une maison isolée; des paysans l'habitaient, gens de bien, craignant la guerre qui sévissait à l'entour. Le père avait loué la ferme et l'exploitait avec sa femme, une de ses sœurs, et ses fils, qui étaient deux gars vigoureux; l'un de dix-sept, l'autre de dix-neuf ans : quatre filles complétaient la famille, et rendaient aussi des services; l'aînée, fillette de quinze ans, conduisait les bœufs qui traînaient la charrue paternelle, portait dans les champs leurs repas aux travailleurs, préparait le maïs et les légumes. Les cadettes menaient paître les vaches, les porcs et les moutons.

Or, un jour, après un brillant combat livré à deux milles de là par les légions autrichiennes de Nugent, aux Italiens que commandait le général Zucchi, Tonio, le second fils, qui était bouvier de la ferme, sortit pour donner à manger aux bœufs; il se dirigeait vers un bâtiment situé au fond de la cour, près des étables. Sa lanterne en main, il s'avançait avec grande précaution et quelques craintes. Toute la journée le bruit du canon, le pétillement de la fusillade avaient frappé son oreille, et des sommets des collines environnantes, il avait aperçu des groupes de soldats parcourir la vallée, monter, descendre, se rejoindre et se disperser encore. Cela avait frappé son imagination et l'avait rempli de cette inquiétude qui trahissait sa marche. Tout à coup il s'arrête ; une sueur froide perle à son front, les battements de son cœur se précipitent ; il a cru entendre au fond de la grange comme une sorte de plainte, un gémissement tour à tour aigu ou étouffé. Il prête l'oreille, tout est silence, il fait quelques pas encore, et après un instant le bruit se renouvelle : c'est un cri de souffrance et de désespoir. S'élancer hors de la grange, courir à la ferme, appeler son père, fut pour Tonio l'affaire d'une seconde.

— Qu'y a-t-il? s'écria celui-ci.

— Ah! mon père.

— Il y a dans la grange une âme du purgatoire qui se lamente.

— Les âmes du purgatoire, répondit le père, nous avons prié pour elles pendant toute l'octave des morts, j'ai fait dire une messe pour mon père et ma mère, que Dieu mette en gloire! Nous avons donné en aumône un demi-sac de fèves et un muid de farine par semaine et récité le Rosaire chaque soir. Nous n'avons donc aucun appel à recevoir des trépassés. C'est le canon et la fusillade qui t'ont troublé l'esprit : distribue la provende aux bêtes et n'aie pas peur.

Tonio obéit, recommandant qu'on laissât la porte ouverte. Presque aussitôt il revint, les yeux égarés, criant :

— Père, c'est elle !

— Qui, elle?

— La voix. Je jure l'avoir entendue soupirer, gémir, se plaindre et dire : Mon Dieu!

Le fermier appela alors Checco, son fils aîné :

— Donne-moi une fourche, prends un trident, et allons nous assurer de ce qui cause la frayeur de ce poltron.

Tous deux s'avancent et écoutent : au milieu des ténèbres et du silence s'élèvent en effet des sons plaintifs et douloureux.

Marco s'avance résolument dans la grange et crie :

— Qui est là?

Une voix étouffée répond :

— Secourez-moi.

Marco s'approche, élève la lanterne et aperçoit presque enseveli dans la paille un jeune soldat, pâle, défait ; une de ses mains serre sa poitrine et l'autre pend inerte à son côté. Il essaie d'ouvrir ses paupières alourdies et de se soulever, et retombe sans connaissance.

Marco le considère avec compassion, et le voyant blessé au flanc droit, veut lui ôter sa tunique ; mais le soldat lui arrête la main et murmure :

— Avez-vous une femme?

— Oui.

— Eh bien, faites-moi la charité de l'envoyer.

— Mais ne puis-je vous panser?

— Non, votre femme, je vous en prie.

— Marco courut à la ferme. Les femmes effrayées hésitent; Marco les encourage et les amène.

A l'aspect du jeune homme, les deux femmes furent émues. Mathea dit à Speranza, robuste jeune fille de vingt-un ans :

— Soulève-le un peu, il est trop enfoncé dans la paille.

Speranza prit le blessé dans ses bras et le soutint, pendant que Mathea disposait derrière lui de la paille et du foin. Le blessé ouvrit les yeux, remercia du regard les deux femmes, et dit :

— Pardonnez-moi le dérangement que je vous cause : je ne voulais pas laisser panser ma blessure par un homme, parce que, sous cet habit, je suis une femme comme vous.

— Sainte Madone! Comment! vous seriez une demoiselle.

— Oui, mes amies, dégraffez ma tunique, je perds tout mon sang.

Mathea coupa avec précaution la partie des vêtements qui entouraient la blessure. C'était une balle qui était entrée sous les côtes et ressortie par les reins.

La plaie était enflammée, et sous un large caillot le sang en coulait goutte à goutte. Les femmes la lavèrent avec de l'eau tiède, et le sang sortit alors avec abondance, ce qui effraya Mathea; elle appela son mari.

— Marco, va vite à la cuisine, fais chauffer du vin et apporte-le au plus vite.

— Cependant Speranza essuyait le front couvert de sueur de la malade ; elle se tenait auprès d'elle avec un sentiment de tendresse et lui recommandait la confiance en Dieu.

Cette femme était Polyxène. Au plus fort du combat, tandis qu'elle faisait bravement le coup de feu, elle-même avait été frappée au côté. Le soir venait, elle put gravir la colline, et se traîner vers la ferme. Enfin elle avait gagné la grange où, épuisée par la perte de son sang et vaincue par la douleur, elle était tombée évanouie.

Tandis que Speranza cherchait à fortifier son âme et que Mathea soignait sa blessure, Polyxène s'écria :

— Justice et miséricorde de Dieu ! mes sœurs, je suis une pécheresse et une impie ; j'ai fait beaucoup de mal, je mérite d'être abandonnée de tous, et de mourir pour être damnée... Mais non, Dieu ne me délaissera pas... Par votre bouche, la Vierge me dit d'espérer, un nouveau jour m'éclaire, il perce les obscurités de mon âme. Je vois... que de fautes ! Pardon... Ah ! si j'avais un prêtre.

— Le curé habite à plus d'un mille, comment y aller à cette heure, à travers un pays livré à la guerre ?

— Hélas ! je me repens de tout mon cœur... Promettez-moi, mes amies, que morte, vous seules m'ensevelirez.

— Oui, mademoiselle, répondirent les deux pauvres femmes avec une vive émotion ; mais nous espérons que vous guérirez.

— Votre main, dit Polyxène à Speranza, puis elle demanda

celle de Mathea. Elle ne put serrer celle de cette dernière, un frisson la saisit, et elle s'évanouit de nouveau.

A ce moment, Marco apportait le vin. Mathea en frotta les tempes et les lèvres de la malade; celle-ci sembla se ranimer.

— Quelle reconnaissance ne vous dois-je pas! Vous êtes si pleines de charité! que Dieu vous en récompense! ne me délaissez pas durant ce qui me reste de vie, c'est si peu, si peu...

Les deux femmes pleuraient.

— Non, soyez-en sûre, nous ne vous abandonnerons pas, disaient-elles en lui rendant mille tendres soins. Nous sommes pauvres, mais chrétiennes. Vous secourir est pour nous un devoir, et nous le faisons de cœur.

A un pilier de la grange était attachée une statuette de la Madone. Polyxène dirigeait souvent ses regards vers la sainte image; d'autrefois elle détournait les yeux. Son front s'assombrissait, c'étaient les remords qui lui déchiraient le cœur. C'étaient toutes ses iniquités, apparaissant à cette âme dans toute leur laideur, avec toute leur épouvante. Dans un de ses accès, elle dit à Mathea :

— Aidez-moi à réciter l'*Ave Maria*. Ayez pitié d'une malheureuse qui a oublié cette prière sainte.

Les femmes la croyant dans le délire, s'efforçaient de la calmer, et récitaient la prière. Polyxène les suivait des lèvres et sentait se répandre dans son âme une douceur, une paix, une espérance, un amour inconnus.

L'homme qui aurait vu le matin Polyxène sans religion, sans

pudeur, blasphémant avec la soldatesque, portant la haine dans son âme, ne voyant dans ses semblables que des victimes à immoler, ne l'aurait certes pas reconnue cette nuit, dans cet abri misérable, entre deux paysannes, frappée à mort, en face d'une image de la Vierge, et invoquant la Vierge dont l'image la protégeait.

Le bon Marco se tenait dehors, appuyé contre la porte de l'étable, les bras croisés, muet, stupéfait.

Il entendait les deux femmes répondre : Oui, mademoiselle, non mademoiselle, et ne savait qu'en penser. S'il n'entrait pas, c'était pour respecter le désir du pauvre blessé ; mais ce mystère l'intriguait.

— Qui ce peut être? se disait-il à lui-même. Quel aspect délicat et frêle! serait-ce quelque prince? Mais ma femme lui répond : mademoiselle ; c'est en vérité une voix de femme. Mais a-t-on jamais vu une femme soldat? Après tout, on fait tant de folies à l'encontre de ces pauvres Allemands ; la jeunesse d'Italie tout entière semble en délire et court à la guerre comme à la curée. Pauvres enfants ! vous ne savez pas quel gibier vous poursuivez ; ce ne sont pas des lièvres, ce sont des ours, des lions que les Allemands ; ils ne marchent pas au combat en gants jaunes comme vous ; ils n'ont pas votre visage frais et imberbe, votre chevelure odorante et bien peignée ; leurs cheveux sont hérissés, leurs moustaches graissées avec du suif, leurs mains calleuses.

Pour les combattre, il faudrait des paysans comme nous ;

mais dans cette guerre, les soldats sont tous recrutés dans la jeunesse élégante, on dirait des régiments de femmes. Au milieu d'eux l'homme de travail fait tache et semble fourvoyé. Folie, que faire ainsi la guerre ! mais je crains qu'à cette maladie les Allemands n'appliquent un prompt remède.

Tandis que Marco faisait ses réflexions, un homme hors d'haleine se précipita dans la cour.

— Brave homme, dit-il à Marco, ayez pitié de moi, je suis un soldat de la légion romaine ; cette nuit je faisais partie d'une patrouille, quand un corps d'Allemands, sorti d'une embuscade, nous a cernés et a emmené prisonniers presque tous mes compagnons. J'ai eu la bonne fortune de leur échapper, et depuis deux heures j'erre dans la campagne sans pouvoir retrouver le camp. Un filet de lumière m'a conduit jusqu'ici, je tombe de fatigue, recueillez-moi pour cette nuit, je ne vous demande qu'une botte de paille dans le premier endroit venu.

— Je ne suis qu'un pauvre homme, répondit Marco : si vous vous contentez d'aussi peu, je puis vous le donner. Tenez, sous ce hangar, il y a déjà un soldat qui va mourir, voulez-vous le voir ? Qui sait ? Vous le connaissez peut-être.

Le nouveau venu suivit Marco dans la grange.

Quand ils entrèrent, le soldat et la blessée échangèrent un regard : Polyxène tendit les bras et poussa un cri.

— Mimo, toi ici ?

Mimo eut à peine la force de murmurer le nom de Polyxène, tant fut douloureux l'étonnement qui le saisit, tant fut profonde angoisse qui lui étouffait la voix. Il resta immobile en face de ette figure mourante et de ces yeux éteints.

Enfin Polyxène tendit au jeune homme sa main déjà froide, t lui dit :

— Mimo, c'est la Providence qui t'amène ici : je vais mouir, une balle m'a frappée de part en part. Mais cette mort est our moi la vie. Le refuge des pécheurs, Marie m'a obtenu, dans a miséricorde, le pardon de mes fautes, mon cœur s'est transormé.

Ici elle s'arrêta un instant, tandis que le jeune Speranza esuyait la sueur froide qui coulait de son front, puis elle reprit :

— Pardonne-moi, Mimo, le mauvais exemple que je t'ai onné, les blasphèmes que tant de fois tu as entendus de ma bouhe coupable, et surtout mon crime de t'avoir initié aux sociétés ecrètes, à leurs serments sacriléges, à leurs monstrueux engaements. Jure-moi de rompre avec elles, jure-le moi, Mimo.

— Je le jure, répondit le jeune homme d'une voix entrecouée par les sanglots.

— Merci. Ecoute encore :

— Si Dieu t'accorde de retourner à Rome, dis à Alice cette ainte jeune fille, que je la conjure au nom de Marie d'oublier es pernicieux conseils, de brûler les livres impies achetés par oi pour la corrompre, de renier les maximes funestes et irrégieuses...

La pauvre blessée ne put en dire davantage. Mimo, que les leurs étouffaient, se jeta à genoux.

Polyxène fit signe à Mathea de s'approcher, lui indiqua de la main sa tunique, et lui en fit tirer un rouleau.

— Ce sont dix grégorines d'or, employez-en deux à faire célébrer une messe pour le repos de mon âme et pour celui des malheureux Italiens qui ont succombé dans le combat, et gardez le reste pour vous et Speranza. Priez pour moi.

Elle regarda la Madone, sourit doucement et dit :

— Marie !

Puis elle essaya de joindre ses mains qui retombèrent. Sa respiration devint plus embarrassée, elle ouvrit la bouche comme pour un dernier adieu, et expira.

Marco, profondément ému, releva Mimo, que la douleur avait anéanti. Celui-ci se laissa conduire comme un enfant, il était sans volonté, comme il était sans voix.

Le jour commençait à paraître.

XXI

LE JUSTE MILIEU.

L'amour de la patrie, quand il est sincère et éclairé, est une chose sainte ; il mérite qu'on l'exalte, qu'on lui dresse un aute.

dans tous les cœurs. Mais aujourd'hui, il court par le monde un patriotisme faux, ampoulé et vide, qui tout entier consiste en de grands mots.

Jamais on ne fit autant que ces dernières années étalage de ce sentiment ; et quand on a creusé, on a trouvé l'égoïsme, la tyrannie, l'envie, la licence, la vanité, l'ambition, l'orgueil, l'impiété ; toutes ces passions s'habillaient tantôt à la constitutionnelle, tantôt à la républicaine, et s'affublaient d'une croix rouge comme d'un vêtement d'église.

— En vérité, pensera-t-on peut-être avec quelque aigreur, il n'est donc pas possible encore de parler ou d'écrire sur 1848 sans se jeter dans les extrêmes ? Il est évident que les *noirs*, les *rétrogrades*, les *jésuites*, aujourd'hui revenus des terreurs que les factieux leur causèrent à cette époque, sont heureux d'user de représailles. La démagogie avait des intentions perfides et des menées hypocrites, soit ; mais il faut rendre aussi justice à ces esprits modérés et sages qui voulaient une liberté honnête, amie de Dieu et du prochain. Or, ces hommes sont nombreux en Toscane, à Rome, à Naples et dans le Piémont.

— C'est vrai, parfaitement vrai ; mais étudiez le programme des modérés, vous y trouverez mêlée à la *modération*, à la *générosité*, à la sagesse *politique* et déparant de si belle vertus, une erreur profonde, la croyance qu'on peut conduire les Etats à une félicité durable et sincère par des doses combinées de poison et de contre poison.

Exemple. On prend une dose de justice à laquelle on mêle

quelques lois contre la propriété ecclésiastique ; ou on prend deux onces de liberté civile versée dans une forte dose de restriction contre les évêques, le clergé et les droits de l'église. *Item*, des bribes de culte public, de respect pour le prince, la magistrature, la personne des citoyens, qu'on unit à une infusion de liberté des cultes et de la presse.

N'est-ce pas là ce *duobus dominis servire* que le Verbe de Dieu, vérité éternelle, sagesse infinie, a déclaré impossible non-seulement dans le gouvernement des peuples, mais même dans la règle personnelle de la conscience de chacun ? Et c'est en face de l'Évangile que nos réformateurs politiques ont voulu fonder un autre dogme, le dogme bâtard du juste-milieu. C'est là l'hérésie la plus insensée, la plus dangereuse de notre époque.

Jusqu'ici le *juste-milieu* était ce point situé à égale distance de deux vices opposés : par exemple le point mitoyen entre la prodigalité et l'avarice, entre la lâcheté et l'impudence, entre l'excès et l'absence de dévotion. Depuis la nouvelle école des modérés, le *juste-milieu* serait le point situé à égale distance d'un vice et de la vertu opposée ; il serait placé entre la religion et l'impiété, entre la foi et l'hérésie, entre l'impiété et la justice, entre le bien et le mal, entre le vrai et le faux. Or, peut-il, entre de telles extrémités, y avoir un juste-milieu ? Prendre le vice et la vertu, la vérité et l'erreur pour faire entre eux une sorte de compromis, est un essai déplorable, parce que le bien, s'il n'est complètement vrai, devient le faux.

Le *juste-milieu* assassine le monde ; satisfait du bien et du nal, il se lave les mains comme Pilate de nos désastres et de nos ruines. Combien sont plus conséquents les hommes des partis extrêmes ! eux, du moins, disent ouvertement : Peuple italien, renie le Christ ; chacun de nous est une émanation de Dieu, c'est-à-dire égal à Dieu, et n'a par suite pas besoin de lois divines, ni de lois humaines. La propriété n'existe pas, tout appartient à tous ; le peuple est Dieu.

Voilà qui est parlé franc, et sous ce rapport, Joseph Mazzini l'emporte sur tous les prétendus modérés qui, vacillant entre la vérité et le mensonge, entre la liberté et le mensonge, entre la liberté et la tyrannie, finiraient par frapper les nations catholiques d'une atrophie morale et les conduiraient aussi sûrement que Mazzini dans de l'athéisme qui les perd.

XXII.

LE PATRIOTISME.

Bartolo causait un jour après déjeuner avec un gentilhomm romain, nommé Prospero. Comme cela arrive souvent, même entre amis, Prospero regrettait l'ancien ordre de choses ; Bartolo penchait pour le nouveau, et chacun d'eux prétendait avoir seul raison.

— Je vous soutiens, moi, disait Prospero, que c'est une guerre folle, et que les Romains sont devenus le jouet de l'Italie.

— Vous raisonnez, mon cher, répond ait Bartolo, comme un *rétrograde* renforcé; et parler comme vous le faites, c'est attaquer Rome.

— Rome! quoi donc! Rome serait-elle, selon vous, représentée par cette poignée d'écervelés?

Je vous ménage alors de profonds étonnements.

Ignorez-vous que ce patriotisme où se drapaient si orgueilleusement les civiques romains, s'est changé en couardise? Lombards, Vénitiens, Toscans, Piémontais, Napolitains, tous les volontaires ont valeureusement combattu; mais les Romains, je rougis à le raconter, les Romains ont été plus lâches que les femmelettes de la place Navona.

— Mais, mon cher... mon cher... vous voulez me mystifier.

— Vous mystifier? Avez-vous lu la *Pallas* (1)?

— Je la reçois, mais c'était Polyxène qui la lisait.

— Bon· croyez-vous que la *Pallas* ait du patriotisme?

— A revendre.

(1) Journal de couleur républicaine qui se publiait à Rome.

— C'est vrai ! il lui coûte si peu !

Eh bien, donnez-moi le n° 247, et voyez ce qu'elle dit de nos Scipions et de nos Métellus.

« Lundi nous annoncions dans notre bulletin la prise de « Vérone, et nous disions que les Croates tournés par le géné- « ral Durando, avaient été complétement défaits à Cornuda. « Ces nouvelles étaient inexactes, et voici d'où venait notre « erreur. Dans l'après-midi, on avait vu arriver à toute bride « une voiture pleine d'officiers civiques, qui criaient : Victoire ! « victoire ! Malheureusement, ces officiers n'étaient que de vils « déserteurs ; pour protéger leur fuite et n'être point arrêtés, « ils n'avaient rien trouvé de mieux que ce criminel mensonge. « Honte aux lâches ! »

Oh ! mon ami, une voiture *pleine* d'officiers civiques, de Romains ; non pas de Toscans, non pas de Lombards, non pas de Napolitains : de Romains !

— Aussi répéterai-je avec la *Pallas* : Honte aux lâches ! répondit Bartolo. Ces félonies sont heureusement exceptionnelles.

— Rassurez-vous, elles deviendront bientôt habituelles. Tenez, voici dans le n° 245 :

« Si nos soldats avaient été commandés à Cornuda par des « chefs *plus braves* et plus habiles, le corps de Nugent aurait « essuyé une déroute complète. La *Pallas* sait de source cer- « taine que *nombre* d'officiers, indignes de leurs épaulettes, ont abandonné leur poste. »

Que voulez-vous? Ils avaient l'amour de la patrie si bien enfermé dans la panse! ils auront craint que les balles ou les baïonnettes ne l'en fissent sortir, et c'est pour cela qu'ils sont allés le mettre en lieu sûr, loin du combat.

— J'enrage de leur lâcheté.

— Et moi, j'en ris! C'est tout bénéfice de voir que ces rodomonts, fléau de Rome, ne sont propres qu'à l'assaut des cabarets et des tavernes. Savez-vous qui s'est bravement battu dans les légions romaines? Ce sont les honnêtes et naïfs jeunes gens que les agitateurs avaient entraînés à la guerre. Oh! ceux-là sont vraiment Romains! Si les légions n'eussent été composées que d'eux, vive Dieu! l'honneur de Rome serait sauf devant l'Italie et l'Europe.

— Et moi qui comptais sur ces bravaches pour délivrer l'Italie! Voilà mes espérances à vau l'eau! Comment n'aurais-je pas cru en eux? ils y croyaient tant eux-mêmes! Ne semblait-il pas qu'ils dussent écraser à leur gré les armées de Nugent, d'Astre et de Radetsky? Ils doivent aujourd'hui se cacher à cent pieds sous terre.

— Allons donc! ils se tiendront coi pendant quelque temps, puis reparaîtront un beau jour la tête plus insolente, le verbe plus haut que jamais. J'ai tué dix Croates, dira le premier, quinze, ajoutera le second, vingt, affirmera le troisième ; et les badauds applaudiront.

Cette intéressante discussion fut interrompue par le

concierge de Bartolo, qui entra, apportant le courrier à son maître.

— A la bonne heure ! s'écria celui-ci en décachetant une lettre, c'est Laudo qui m'écrit de Padoue. Voyons.

« Mon cher oncle,

« Il y a longtemps que je ne vous ai donné signe de vie; la guerre et divers accidents m'en ont empêché. Entre Trevise et Carbonera, une balle est venue fort sottement me frapper au genou ; grâce à Dieu, elle n'a lésé ni tendons ni artères ; les articulations jouent à merveille, et je marche aussi droit que jamais ; mais la faiblesse est encore grande et me force à retourner à la maison.

» Si j'ai conservé la vie, je le dois à la charité d'un officier croate. Il me vit étendu dans une mare de sang sur le champ de bataille, eut pitié de moi, me fit transporter aux ambulances, me soigna comme un frère, et quand il m'eut rendu la santé, me rendit la liberté.

» Et nous qui regardions les Croates et tous les Allemands comme des Barbares ! Je ne saurais vous dire de quelles prévenances tous ceux d'entre nous qui sont tombés entre leurs mains, ont été entourés. Les officiers, les colonels, jusqu'au général Nugent lui-même, ne cessaient de recommander aux chirurgiens de l'armée et aux soldats, les plus grands égards pour nous. Nugent n'ignorait pas pourtant les quolibets, les injures, les calomnies répandues sur son compte, à Rome, à Naples, à

Gênes, dans toute la Toscane, dans tout le Piémont. Il a un recueil des caricatures publiées sur lui, et s'amusait fort des nez fantastiques, des bosses invraisemblables, des ventres monstrueux, des mentons à cascade, des oreilles d'âne, des groins de porc dont étaient enjolivées sa personne et celle de Radetsky.

— On ne peut nier, nous disait-il en riant, que les Italiens n'aient le génie du comique; s'ils maniaient l'épée comme le crayon ou la plume, nous serions en piètre position !

» Au reste, cher oncle, que d'écailles me sont tombées des yeux! et non-seulement à moi, mais à Mimo, et un grand nombre de nos amis. Les véritables Romains ont sans doute donné d'éclatantes preuves de valeur; mais il y avait dans nos légions une écume qui en portant le nom romain l'a souillé. Nous avons été témoins d'incroyables vilenies. Dans les marches, le vol, le pillage, les dévastations, étaient universels ; ces bandits s'appropriaient tout ce qui tombait sous leurs mains crochues, chassaient les maîtres de leurs maisons, dévastaient leurs caves, frottaient leurs bottes avec les nappes et les serviettes, dégradaient les murs, brisaient les vitres, dépavaient les briques pour les réduire en poudre et nettoyer leurs fusils, et commettaient mille atrocités qu'un honnête homme ne peut soupçonner.

» Quand on approche de l'ennemi, changement à vue; l'oreille basse et le dos voûté, nos braves ne cherchaient plus que des refuges où se cacher; bon nombre même, saisis d'une frayeur mortelle de rencontrer l'ombre d'un Croate, ont si gaillardement rebroussé chemin, qu'au train dont-ils vont, ils doivent être déja de retour à Rome. Voilà comment ces lâches ont déshonoré nos légions ; à ce point qu'on ne veut plus maintenant nous voir ni entendre parler de nous, et que nous sommes devenus odieux à toutes les villes de la Vénétie. Et cependant ils écrivent à Rome comme des César et des Pompée, célèbrent la discipline, l'ordre, la rapidité de leurs mouvements, le bon ordre de leurs campements ; cela n'empêche pas qu'au premier soupçon de leur arrivée, les paysans coururent mettre en sécurité dans les villes leur argent et leurs femmes ; que dans les cités on ferme portes, fenêtres et boutiques, comme devant une invasion de Cosaques et de Pandours. Pour nous, vrais Romains, il ne nous reste plus que la colère et la honte (1). »

Suivait le récit de la mort de Polyxène. On devine le saisissement que cette nouvelle causa à Bartolo, l'émotion qui remua toute la foi et toute la piété de son âme, aux détails de cette fin si miraculeuse. Arrivé au passage où était raconté le désir ardent manifesté par la mourante d'avoir un prêtre, et à la nouvelle que la distance, l'heure et la guerre lui rendaient cette consolation impossible, le regard jeté par elle à l'image de la Vierge, et d'où s'échappaient tant de contrition et d'amour, Bartolo sentit les larmes inonder son visage, et c'est tout en larmes qu'il quitta son ami et courut annoncer à Adèle le retour de ses enfants.

(1) Les générations qui nous suivent croiront-elles tant d'infamies. Avant de nous accuser d'exagération, qu'on invoque en témoignage toutes les cités de la Vénétie : leurs souffrances nous sont garantes de leurs souvenirs.

XXIII.

LE Ier MAI 1848 A ROME.

Cependant les civiques romains, pour accomplir contre les Croates les prouesses dont nous avons parlé dans notre précédent chapître, avaient franchi la frontière, passé le Pô et envahi la Vénétie, malgré les ordres formels du pape. Le Saint-Père se refusa à sanctionner de son approbation leur désobéissance. Eux alors, d'entrer en fureur, d'arborer le drapeau tricolore, de le planter au sommet du Capitole, comme à la face du monde, et de jurer que les couleurs nationales voleraient de clocher en clocher jusqu'aux tours de Saint-Etienne de Vienne. C'est dans ces circonstances que le pape donna, de la *loge* quirinale, sa BÉNÉDICTION A L'ITALIE, déclarant : « qu'il n'était en guerre » avec personne, que tous les chrétiens étaient ses fils, et » avaient tous une égale place dans son cœur ; que les volontaires romains étaient libres de se joindre à l'armée gardienne des États-Pontificaux, mais qu'ils ne pouvaient dépasser la frontière. »

Cette *bénédiction à l'Italie*, pour des esprits catholiques et sages, n'était qu'un appel, sur l'Italie, des dons précieux de la foi, de l'espérance, de la charité, seuls capables d'élever cette nation au-dessus des autres nations, au-dessus de son passé même et de la rendre privilégiée aux yeux de Dieu ; elle était faite pour attirer sur le sol la fertilité, sur les hommes cette élévation des âmes, ce génie dans les arts, cette sagesse dans le conseil, cette puissance dans l'action qui font les grands peuples.

Mais elle fut interprêtée, discutée, étudiée, retournée, défigurée par tant de sots en tant de façons, que les commentaires des Pandectes ne sont rien auprès.

— Il a béni l'Italie, donc il a maudi l'Allemagne, disaient ces fameux interprêtes. Il a béni l'Italie, donc il a béni les armées de l'indépendance. Il a béni l'Italie, donc l'Italie doit être quelque chose, devenir libre, se faire nation. Que le Croate disparaisse et fuie sans regarder en arrière ! C'est une terre sainte, une terre bénie !

Oncques ne fut bénédiction plus bénie que celle-là. Tous les journaux en glosèrent à grandes colonnes ; on la fit voler de rang en rang, de canon en canon, de fusil en fusil.

Or, le Ier mai, six hommes étaient réunis au restaurant Lepri, et assaisonnaient un excellent dîner de conversations politiques. De ces diplomates qui disposaient en maîtres du présent et de l'avenir de l'Italie, quatre étaient des agitateurs qui avaient parlé pour exciter le peuple romain à la guerre, les deux derniers deux de nos connaissances, Sterbini et Cicervacchio.

Au plus fort de leur repas et de leurs discussions, un septième personnage se précipita dans le salon, le visage décomposé et criant :

— Nous sommes trahis !

— Qu'y a-t-il ? Comment s'écrièrent d'une voix tous les convives.

— Ce qu'il y a ? Vous savez que le pape a tenu aujourd'hui un consistoire secret.

— Eh bien ?

— Eh bien ! il nous a joué tous. — Nous nous laissions endormir au mirage de nos futurs triomphes, de notre résurrection prochaine, de notre nationalité assurée, de notre grandeur éternelle... Tout s'est évanoui.

— De grâce, expliquez-vous.

— L'explication ! elle est dans ce manifeste fatal, imprimé en secret, et placardé sur tous les murs de Rome.

— Que dit-il ?

— Que le pape ne veut pas de la guerre contre l'Autriche.

— Allons donc, tu as mal lu !

— Eh bien, lisez vous-même cette copie textuelle faite par moi à l'instant. Lisez donc.

« ... Mais quelques-uns... (quelques-uns c'était tout le monde, sauf les noirs), quelques-uns désirant nous voir entreprendre une lutte contre l'Allemagne et nous allier avec les autres princes et peuples italiens, nous regardons comme notre devoir de déclarer solennellement dans cette assemblée qu'un tel acte est contraire à nos intentions, parce que, malgré notre indignité, nous représentons sur la terre l'Auteur de toute paix et de tout amour; pour remplir notre apostolat, nous ouvrons avec une égale tendresse nos bras à tous les peuples, à toutes les races. Que si néanmoins un certain nombre de nos sujets se laissent entraîner par l'exemple des autres Italiens, comment pourrions-nous nous enchaîner cette effervescence? »

A cette lecture, Sterbini sentit le besoin de donner un terrible coup de poing sur la table, et cassa plusieurs assiettes pour soulager sa colère. Cicervacchio lâcha une litanie de F... et de S... avec oraisons spéciales pour les rétrogrades et les cardinaux ; et le chœur de reprendre à cris :

— Oui, ce sont les cardinaux qui ont soufflé à l'oreille du pape cette maudite proclamation ! Mais leur soutane rouge ne saurait les sauver. Mort aux cardinaux !

Seul, l'un des convives, le comte Mamiani, conservait une souriante impassibilité.

— Du calme, messieurs, du calme. Ce qui excite votre colère, et vous fait bondir d'impatience, me fait venir en tête, à moi, une charmante idée.

— Charmante ! Les nôtres doivent être des pensées de sang, de vengeance, de mort.

— Du calme, de grâce. Le coup de maître de Pie IX lui coûtera cher. Je vois l'accès ouvert à une liberté rajeunie, à de nouvelles tendances ; de la prudence, et je réponds du succès.

— Quelles espérances pouvez-vous concevoir ? La guerre est bel et bien enterrée.

— Non. Si l'un de nous, Galetti, ou moi-même, par exemple, parvenait au ministère, croyez bien que cette guerre morte pourrait être ressuscitée. Agissons dans ce but. Vous, Sterbini, courrez au Corso, excitez les esprits, criez à la trahison, échauffez la fureur de cette garde civique, presque tout entière à nous. Toi, Cicervacchio, parcours les Monti, la Regola, le Transtévère, peins en traits de feu tes espérances brisées, les cardinaux marchant au despotisme, Rome en péril. Crie, hurle, blasphème. Qu'un autre dirige les feux combinés de la presse. Pour moi, je vais chez le sénateur Corsini, chez le ministre de la guerre. En avant, mes amis, je me charge du reste, et je vous promets le succès.

Chacun est déjà à son poste. Sterbini saute dans une voiture. — Au Corso, cria-t-il au cocher. — Et tandis qu'il brûle le pavé, il se tient à la portière, agite un mouchoir blanc, et jette à tous ceux qu'il rencontre le nom du palais Chigi comme rendez-vous.

Des troupes de frères surgissent de toutes parts ; les curieux, les groupes, les foules qui, sur le Corso, lisaient, discutaient ou condamnaient le manifeste, se mêlent à ce torrent : quiconque se trouve sur la voie publique, est pris, entraîné, devient une vague de ce tourbillon humain.

— Au quartier Poli ! au quartier Borghèse (1), hurlait Sterbini. Vite, courez ! Faites battre la générale ! Nous sommes perdus. Pie IX est en danger !... Au quartier de la place de Venise ! prenez les premières voitures que vous trouverez... ! Que le diable vous emporte ! Il ne sera plus temps !... Aux portes ! aux portes ! au château Saint-Ange ! qu'on lui livre l'assaut, qu'on l'occupe avant que les cardinaux ne puisse bombarder Rome.

— Comment, bombarder Rome ! un peuple souverain bombardé ! — Mort aux cardinaux ! Mort aux bombardeurs !

De son côté, Cirvervacchio passait comme la foudre dans sa charrette, et jetait feu et flamme ; il entrait dans les tavernes, dans les *quartiers* de la garde civique, et pénétrait dans des bouges à lui inconnus pour en tirer comme de leur tanière les bêtes fauves, ses satellites. Debout, canailles ! Dehors, race de chiens ! Allez, criez, hurlez : Mort aux cardinaux ! Mort aux prêtres !

Serrez vos rangs, et pas accéléré !... Au Corso !... Vous, par la rampe du Capitole,.. vous par la place Montanara... vous, par le forum de Trajan et des saints Apôtres... Et si vous êtes

(1) Les casernes des différents bataillons de la garde civique étaient communément indiquées par le nom du lieu où elles étaient établies : ainsi on disait le quartier Poli, le quartier de la place Borghèse, de la place de Venise, etc.

de braves citoyens, ce soir du pain, du fromage, un papetto et une bouteille de vin par tête. En avant!

Depuis un jour et demi, Rome était un volcan.

Les plus ardents de la garde civique débouchent par la fontaine Borghèse, l'Orso, le Panico, les Banchi, se massent à la tête du pont Saint-Ange, et marchent sur les grilles du château.

— Qui vive? crie la sentinelle.

— La garde civique — appelez le commandant du poste.

L'officier paraît.

— Que voulez-vous? dit-il.

— Nous joindre à vous pour la garde du château: ordre de Pie IX.

— Où est cet ordre?

— Nous l'avons reçu de vive voix... parole d'honneur. Officier... — nous sommes dévoués... nous sommes des frères.

— Entrez!

Ils pénètrent en foule, chassent le corps de garde, établissent des sentinelles. Le reste passe le pont-levis, occupe les premiers ouvrages, arrive au fort. De toutes parts, par bandes de trois ou quatre, arrivent des auxiliaires.

Tout le château est en leur pouvoir. Il faut voir ondoyer leurs casques sur les redoutes, les terrasses, les remparts du château

(1) Ces discours sont historiques. On nous a engagé à ne pas souiller notre livre de semblables ignominies. Mais elles donneront une idée exacte du degré où on était tombé à Rome, dans ces jours néfastes.

Saint-Ange. Sombres, fiers, menaçants, ils jetaient sur Rome qui s'étendait à leurs pieds des regards sinistres ; à leur droite, ils dirigeaient leurs bras chargés de menaces vers le Vatican, et disaient : Tu es vaincu ! A gauche, ils tournaient les pointes de leurs épées nues contre le Vatican, et disaient : Pie IX est à nous !

Dans les faubourgs qui touchent aux portes, on plante des forets de drapeaux, on chasse les sentinelles, les postes de douaniers, les détachements de dragons ; ce sont des ordres exprès de Pie IX, du Sénat, du ministre de la guerre, il faut fermer les portes. En quelques heures, Rome est close, barricadée, verrouillée, scellée.

Cependant le comte Mamiani ne restait pas inactif. Trouvant que l'occasion était favorable pour réaliser ses rêves et composer un *ministère laïque*, il n'eut pas de cesse qu'il n'eût amené l'armée des conspirateurs à demander un *ministère libéral.*

Mais tous avaient affaire à forte partie. Le Pape restait immobile, mais inébranlable : il ne voulait pas la guerre. Ce n'était pas que les avocats de la cause révolutionnaire manquassent ; chaque jour un grand nombre, souvent poussés par Mamiani, prodiguaient à Pie IX leurs éternels arguments.

— Sa Sainteté ne prendra-t-elle pas en considération l'irritation du peuple, l'inquiétude des pères, les angoisses des mères ? Certes, son *manifeste* est un monument saint et digne du vicaire du Christ, du père des fidèles ; mais les Romains ne sont-ils pas aussi ses enfants ? Or, les voilà engagés au-delà du Pô, sur le territoire autrichien, en face de l'ennemi : tous ceux qui tomberont entre les mains des Allemands seront égorgés ou tout au moins pendus comme brigands, puisque d'après la déclaration si catégorique du Pape : « Je ne veux pas la guerre, » les Romains ne peuvent prétendre au titre de soldats réguliers. Cette seule conséquence est assez puissante pour faire revenir Sa Sainteté de sa déclaration, Qu'elle crée un ministère laïque, composé d'hommes populaires ; comme pape, elle abhorre la guerre ; comme prince, elle peut la laisser faire par ses ministres. Il y a à Rome maintes personnalités de grand talent, de grand caractère ; n'y eût-il que le comte Mamiani, il en vaut cent.

Le pape ne cédait pas.

— Pour que les volontaires romains ne soient pas justement considérés et traités par les Autrichiens comme des brigands, nous demanderons au roi Charles-Albert de les recevoir dans son armée, et de les prendre exclusivement sous ses ordres. De cette façon, les volontaires n'auront rien à craindre.

Ainsi les pourparlers continuaient, les ambassadeurs allaient et venaient ; le cercle populaire frémissait d'impatience; la garde civique entourait le Vatican. Enfin les parlementaires revinrent :

— Le pape est inflexible.

Dès lors on résolut de se passer de lui : les journaux de l'époque deviennent de précieux documents. Suivant l'*Epoque*, « le peuple majestueux et conscient de sa grandeur, décrète

» l'*indépendance de la Péninsule, à tout prix.* Vers les dix » heures se forme un rassemblement de près de quinze cents » personnes : on élit cinq citoyens chargés de présenter des » projets de gouvernement. Le cercle populaire est entouré » par la garde civique en armes et un peuple immense. On sent » qu'il se passe un grand acte, *une nation décidant avec calme* » *ses destinées.* »

Et le pape ? On n'en parle pas, il n'existe plus !

« L'assemblée forme un immense demi cercle ; le président et les députés, assis sur un banc, font face au peuple. »

Ne semble-t-il pas voir les dieux de l'Olympe d'après Homère ?

« A droite se tient un détachement de garde civique, commandé par Angelo Brunetti. »

C'est, nous le savons, le maréchal Cicervacchio.

« La discussion s'ouvre au milieu du calme le plus profond. »

Et savez-vous quelle discussion ? Une simple bagatelle, un rien. Le comte Mâmiani est chargé par le peuple (par le peuple, entendez bien ? lui-même n'a rien excité, rien préparé cet excellent comte !) de demander au pape la *composition d'un ministère entièrement laïque et exclusivement libéral*, et (voyez le hasard !) le comte Mamiani est au nombre des candidats proposés ; que dis-je, il a la part la plus belle, le portefeuille de l'intérieur.

Le pacte entre le pontife trahi et le peuple abusé n'est pas encore brisé de fait à Rome, mais on ne s'y trompe pas à l'étranger.

Lisez le *Temps*, journal de Naples, dans son numéro du 6 mai.

« Hier, nous avons publié une correspondance de Rome où
» sont exprimées les anxiétés, les craintes, les tendances de
» cette nation presque abandonnée de son pontife et prince. »

Abandonné ! Le mot est joli.

« Déjà dans ce peuple se révèlent des aspirations qu'on pour-
» rait qualifier de *licence effrénée*, si la difficile position où il
» se trouve réduit ne lui servait d'excuse. Déjà l'on parle de
» *séparation* entre le pouvoir *civil* et le pouvoir *religieux*, de
» la nomination d'un *gouvernement provisoire*, de la néces-
» sité de porter au pouvoir *le parti radical* pour sauver l'Ita-
» lie. »

XXIV

DÉSENCHANTEMENT.

On continuait de répandre perfidement à Rome le bruit que la déclaration du 29 avril n'était pas l'œuvre du pape, mais d'un parti dévoué à l'Autriche, et que la signature de ce manifeste avait été arrachée à Pie IX. C'est dans le même but que la *Pallas* lança le mensonge de la conjuration d'Ancône, complétement démenti trois jours après, mais à laquelle on avait cru, en attendant.

Même date que la déclaration.

« Une conspiration s'est ourdie ici en faveur des Autrichiens.
» Des révélations importantes ont été faites par un chasseur de
» la ligne, et un artilleur ; ce dernier était chargé de mettre le
» feu à une mine ; ils ont donné les noms des conjurés. Sont
» déjà arrêtés... »

Sur ce, les satellites de Cicervacchio de s'écrier

— Une conjuration ! Des traîtres parmi nous? Miner Ancône ! Ensevelir sous ses débris les défenseurs de l'Italie ! Horreur ! trahison ! Mort aux noirs ! Ce sont les cardinaux qui exècrent notre indépendance, ce sont eux qui paient ces félonies avec l'or de l'Autriche.

D'autres allaient dans les clubs.

— Nous voulons un ministère libéral. Est-il nommé?

— Le décret est déjà écrit.

— Où?

— A la secrétairerie d'Etat.

— Quels sont les candidats? Nous demandons qu'on les nomme.

— Oui, oui, criait un nouvel arrivant. La formation du cabinet sera connue ce soir.

— Vivent les ministres! vive la guerre! la guerre! la guerre!

— Mais que le pape se rétracte; sans cela nos soldats vont se décourager, s'abattre, toute ardeur martiale va s'éteindre, l'héroïsme romain s'évanouir, et la faute en sera au pape.

— La faute en sera au pape! La faute, elle est aux causes que la *Pallas* énumère. Elle nous a appris déjà que les légions étaient un mélange d'hommes impropres au métier des armes; jetés au-delà du Pô, sans ordre, sans discipline, sans respect pour leurs chefs, pour l'uniforme, pour l'honneur italien, sans une seule de ces vertus, force des armées et grandeur des nations.

Voyons le numéro 216 du même journal. « Nombre de lettres » nous parviennent de la légion romaine; elles ne tarissent pas » en plaintes contre les officiers. Ils oublient, disent-elles, » qu'ils sont nos *égaux,* qu'ils ont été élus par nous; et les » airs de supériorité qu'ils affectent pour nous imposer le res- » pect, ne méritent que nos risées. Ils devraient réfléchir que » nous ne sommes pas une soldatesque quelconque, que nom- » bre d'entre nous seraient capables de donner des leçons à » leurs chefs, et que tôt ou tard nous pourrions nous repentir » de notre choix et le rétracter. » Quel plaisir ce devait être de commander des soldats si disposés à l'obéissance! Et qu'avec de telles dispositions, ils aient été battus par l'armée de Nugent si remarquable par la discipline, la faute en est au pape!

Numéro 211.

« Nos valeureux chasseurs sont profondément dégoûtés d'un
» grand nombre de leurs chefs... A Otricoli, ils ont protesté... »

Si l'on proteste à Otricoli, que sera-ce à Ferrare? ¡que sera-ce sur le champ de bataille?

« Les étudiants volontaires se montrent fort irrités qu'aucun
» d'eux n'ait été compris dans la dernière promotion des gra-
» des. »

Quel soif d'épaulettes! C'est la faute du pape!

Sait-on quel fut le côté, le seul côté par lequel les démagogues se distinguèrent, et surpassèrent les siècles passés, même les plus sombres époques du moyen âge? Ce fut par l'assassinat! Ils fuyaient devant les Croates de Nugent, mais jamais on ne sut tendre à sa victime des guet-apens plus habiles, et la frapper avec plus d'art.

Ecoutez encore la *Pallas*, numéro 236.

« Mardi, 3 mai 1848, vers une heure du matin, près du pa-
« lais Rospigliosi, un individu a été tué d'un coup de stylet :
« c'était le médecin Angelo Zauli, de Faenza. »

Un honnête homme s'attend à lire, après ce récit, un mot de réprobation ou tout au moins de pitié. Non! l'assassinat n'éveille dans la *Pallas* qu'une raillerie!

« Pauvre docteur! Il faut croire qu'il s'était fait quelques en-
« nemis. Il y a là certaines circonstances, un mystère qu'il ne
« nous appartient pas d'éclaircir. Remarquons seulement qu'il
« n'y a pas *refuge au monde* où puisse se cacher et vivre celui
« qui a été justement condamné. »

Est-on vraiment en Italie, à Rome, au milieu de la civilisation, au centre de la chrétienté, au siége du catholicisme, ou chez une horde de cannibales? Si pourtant une voix s'élève pour avertir la jeunesse, et l'écarter des sociétés secrètes, des conjujurations, ne se trouve-t-il pas cent journaux, mille bouches pour lui jeter à la face le mot calomniateur? Ce document est authentique; Dieu a permis qu'il fût mis en pleine lumière par le fai. de sa Providence et de sa miséricorde. Jeunes hommes, espoir de votre foi et de votre pays, sachez profiter de ces exemples : le pauvre Zauli et cent autres assassinés comme lui se dressent, ombres plaintives et sanglantes, au seuil de ces mystères où règnent la révolte, le sacrilége, le déshonneur et la mort.

XXV.

LE 15 MAI A NAPLES.

On était au 15 mai ; les chambres allaient s'ouvrir, Naples se préparait aux fêtes, ce fut la révolution qui survint. Depuis longtemps déjà les sociétés secrètes avaient mis en usage une sorte de presse anonyme et irresponsable, nommée par les conjurés *le Courrier blanc*. C'était un nombre d'enveloppes portant l'adresse des citoyens de Naples, le timbre de la poste qui les avait soi-disant expédiées. Elles contenaient des feuilles blanches : les conspirateurs y écrivaient tout ce qu'ils jugeaient capable d'exciter la crédulité et les passions du peuple, et les remettaient à la poste. On ne saurait croire le mal que causèrent à Naples et au gouvernement ces mensonges et ces perfidies. C'étaient un jour victoires sur victoires remportées contre les Autrichiens par l'armée lombarde ; le lendemain des récits de cruautés, de massacres, de carnages, d'incendies commis par les Allemands ; de villes rasées, de campagnes entières ruinées par eux. L'Italie allait être bouleversée de fond en comble ; les Napolitains lui devaient leur secours ; que ne répondaient-ils à son appel ; que ne s'ébranlaient-ils, en épais bataillons, avec leur artillerie, avec leur marine ? L'armée de terre s'avancerait par les Romagnes, la flotte cinglerait sur Venise, ou côtoyerait les rivages de l'Adriatique pour soutenir les légions.

Ces bruits étaient répandus dans Naples pour y exciter l'opinion et forcer le roi à éloigner l'élite de ses soldats, à laisser livré à son inertie et à son inconstance le peuple qui ne saurait résister au choc des conjurés. — Ce plan réussit à merveille : il arracha au roi l'ordre du départ des troupes.

Une escadre fut dirigée sur Venise, et deux divisions se mirent en marche pour la Lombardie ; la première, sous le commandement du général Giovanni Stella, comprenait huit bataillons, une batterie de campagne, et un détachement du génie ;

l'autre, composée à peu près de même, était sous les ordres du brigadier Nicoletti, ; un régiment de lanciers, et deux de dragons, conduits par Marcautonio Colonna, formaient l'arrière garde. — Le tout formait 13,000 hommes dont le commandement en chef fut confié à Guglielmo Pepe. — L'armée était précédée par le prince de Luperano, le duc d'Albanetto Pallavicino di Prato, le prince de Colobrano et quelques autres nommés commissaires de la guerre dans la Haute-Italie. — La déclaration papale du 29 avril, répudiant toute idée hostile contre l'Autriche, fermait le passage du territoire romain à l'armée napolitaine ; mais les frontières pontificales lui furent ouvertes de par la toute-puissance du ministre Mamiani, lequel s'embarrassait fort peu du manifeste et des protestations de Pie IX.

Les troubles qui, le 1er mai, avaient éclaté à Rome à propos de la proclamation, l'émeute qui avait arraché des mains du Souverain-Pontife les rênes déjà si faibles de son pouvoir, accrurent singulièrement la confiance des conspirateurs napolitains : ils n'attendaient qu'une occasion pour violer avec leurs serments la constitution du 29 janvier, la déchirer, en jêter les débris à la face du roi, et à la place de son trône renversé, établir la république.

Le 13 mai, quatre-vingt-dix-neuf députés, dévoués au parti rouge, se réunissent au palais de Montoliveto pour y fixer, de leur propre autorité, la formule du serment que devait prêter le roi.

Ils se forment en assemblée, nomment un bureau ; de toutes

parts accouraient les hommes de désordre, qui, ne pouvant trouver tous place dans les salles et les abords de cette Chambre improvisée, se pressent au-dehors, et s'étendent jusqu'au palais Ricciardi. La formule de serment adoptée et soumise au roi était vague, captieuse, perfide : le roi aurait juré sans savoir ce qu'il jurait. Aussi rejeta-t-il cette hypocrite proposition par ces mots dignes d'un homme d'honneur et d'un souverain : « Le 29 janvier j'ai prêté serment à la Constitution, tout le royaume en a été le témoin ; le mois de mai ne saurait faire varier ce serment ni sur mes lèvres, ni dans mon cœur. »

A ces paroles, on cria à la tyrannie : le roi n'était qu'un traître à sa foi et à ses peuples. Les furieux réunis à Montoliveto levèrent ouvertement l'étendard de la révolte. — Que le roi choisisse entre le serment que nous exigeons et son trône ! Villes et campagnes s'arment pour nous : les Cilentains sont aux portes de Naples, les Calabrais, les Basilicains, les Montagnards des Abruzzes arriveront dans peu d'heures. Malheur à nos adversaires !

Non contents de paralyser par là les députés qui étaient restés dévoués à l'ordre et au roi, ils voulurent imposer aussi la terreur aux Pairs du royaume, réunis chez le prince de Cariati, président de la Haute-Chambre, et leur envoyèrent de sinistres messages.

Cependant la tourbe du palais Montoliveto se déclare *en permanence*, et proclame une *Constitution nationale*. Plusieurs députés, flairant quelque trahison, s'étaient abstenus de paraître, un bon tiers des présents se déroba dans la foule : il resta à peu près une soixantaine de factieux lançant au peuple de grandes phrases et des malédictions au roi.

Celui-ci, à la nouvelle de cette rébellion, déclara avec le plus grand calme au prince de San-Giacomo que le lendemain il renouvellerait le serment déjà prêté par lui en janvier, sans changer une lettre aux mots sortis alors de sa bouche.

Chose singulière! cette constitution, elle avait été concédée librement par le roi à son peuple, elle avait été accueillie avec la joie la plus vive, jurée par les libéraux, et c'étaient eux qui aujourd'hui la violaient à la face du pays, de l'Italie, de l'Europe! Cependant un temps viendra, et il n'est pas loin, où les radicaux, changeant de rôles, accuseront Ferdinand de trahison, et où les factieux et les traîtres seront honorés comme les martyrs de leur fidélité (1).

Lorsque le prince de San-Giacomo revint, rapportant la ferme réponse du roi, ce fut dans la salle un épouvantable tumulte. Au sein de cette confusion une voix s'élève :

— Le roi veut renverser la constitution. Aux barricades!

— Aux barricades! crient les députés des fenêtres où ils se sont élancés.

— Aux barricades! répète toute l'armée des conjurés qui attendait dans la rue.

Aussitôt dit, aussitôt fait. Du palais s'élancent les chefs de la

(1) L'on a lu déjà ces apologies calomniatrices dans le *Statuto* de Florence; on les retrouve chaque jour dans le *Resorgimento* de Turin, et d'autres journaux *modérés*.

Jeune-Italie, parcourant les voies principales, recrutant par les exhortations ou par la force des ouvriers de toute espèce, et surtout les maçons et les charpentiers ; la garde nationale, malgré les efforts de Pepe son commandant, était gagnée par les meneurs ; la générale battait sans interruption. Dans la rue de Tolède, une foule ivre de colère roulait des tonneaux, traînait des poutres, renversait les voitures, amoncelait les pavés.

La garnison et des troupes de renfort avaient reçu, à une heure de la nuit, l'ordre de sortir de leurs casernements : elles se massèrent autour du palais royal, et occupèrent les ponts principaux de la ville. Le roi envoya des commissaires avec mission d'arrêter la révolte et de faire abattre les barricades. On va, on s'abouche, on discuste ; enfin on vient dire au roi que les barricades seront démolies si la garnison se retire. A l'étonnement général, le roi, pour éviter l'effusion du sang, accepte ces conditions. Les troupes se replient ; mais quand elles sont retournées dans leurs quartiers, les rebelles, au mépris de la foi jurée, n'abandonnent ni leurs barricades, ni leurs positions.

De nouveaux parlementaires sont envoyés ; ils représentent les malheurs d'une guerre civile, la responsabilité qui retomberait sur ses auteurs. — Allez dire, répondent les factieux, allez dire au roi votre maître qu'il est trop tard. Qu'il abdique, qu'il nous remette ses forteresses, qu'il éloigne ses satellites à quarante milles : le peuple est roi ; à lui de gouverner et de faire les lois.

Le roi cependant reculait toujours devant une répression sanglante, et résistait à ses officiers qui voulaient emporter de vive force les barricades. Il permit seulement qu'une compagnie de soldats sans armes s'avançât vers le premier ouvrage, situé au carrefour *Nardonès*, et essayât d'y pénétrer pacifiquement. Cinquante hommes de la garde royale sortirent du palais, sous la conduite de deux colonels et du syndic de Naples. A leur vue, malgré leur caractère conciliateur et inagressif, la garde nationale ne rougit pas de s'élancer sur la barricade, et de les coucher en joue.

— Arrière ! vils satellites, ou nous vous mitraillons ! »

Les soldats se retirèrent la rage dans le cœur et demandant vengeance.

Le bruit de cet outrage se répand de caserne en caserne : la garnison était frémissante ; on fut obligé, le matin, vers les six heures, de lui faire quitter ses quartiers.

Deux régiments suisses, deux escadrons de lanciers occupèrent le château, sous la protection des canons du *Forte-Nuovo* ; sept ou huit régiments, escadrons ou batteries, prirent position dans différentes parties de Naples. Néanmoins, et sous les yeux des soldats, que la volonté du roi condamnait à l'inaction, les rebelles continuaient à élever des barricades, à les fortifier, à les rendre inexpugnables.

Quatre heures s'étaient passées en allées et venues, en pourparlers, en projets d'accord : le bruit se répand, vers dix heures, que le roi avait cédé, renonçait à la vieille constitution de janvier, était prêt à jurer la nouvelle ; que le Parlement allait s'ouvrir, les barricades tomber, et la garnison rentrer dans ses quartiers.

Déjà, sur la foi de ces rumeurs, un capitaine de la place avait fait de tous côtés signifier aux troupes d'abandonner les positions qu'elles occupaient et de regagner les casernements; quand le général qui commandait la garde royale, ne voyant pas les barricades se démolir et soupçonnant quelque perfidie, donne en toute hâte contre-ordre, et fait dire aux divers corps de rester dans leurs positions, et de se tenir prêts à tout événement. Cette inspiration énergique sauva l'État.

Vers onze heures et quart, les bataillons de garde massés au palais royal étaient au repos, causant par petits groupes quand tout à coup deux gardes nationaux apparaissent derrière la première barricade, couchent en joue les soldats du roi, et tirent: A ces deux coups de feu répond une fusillade dirigée sur la troupe, des fenêtres du palais Cirella.

Furieux de cette attaque, rien ne peut arrêter les soldats : ils saisissent leurs armes, en une seconde deux mille coups de feu ébranlent la place et le palais du roi. Les officiers accourent à cette épouvantable détonation, les généraux sortent du palais et se jettent dans les rangs pour calmer les troupes; tout fut inutile : une décharge générale retentit encore, et les régiments se rangent en colonnes profondes pour monter à l'assaut.

Les conjurés voulaient du sang, le sang inonda Naples. Toute la nuit ils avaient habilement préparé leur champ de bataille, coupé les voies, fortifié les maisons comme des citadelles.

Voyant qu'il ne pouvait apaiser l'ardeur des soldats, le général Carascosa donna l'ordre de l'assaut et s'élança à la tête de ses colonnes sur la barricade St-Ferdinand. Alors commença une lutte acharnée. Les troupes, mitraillées de front par les décharges de la barricade, étaient le point de mire des feux qui partaient de chaque fenêtre de la rue ; par toutes les ouvertures du palais qui fait face à St-Ferdinand, pleut une grêle de balles ; les généraux commandant l'attaque ordonnent aux sapeurs de la garde d'abattre le grand portail, et font occuper le palais par un régiment de marine qui commence aussitôt par les fenêtres un feu nourri contre les maisons environnantes. En même temps, un corps de grenadiers force le palais *della Foresteria* et s'y installe, protégeant ainsi la gauche de la colonne d'attaque contre la fusillade du palais Cerilla et de l'église St-Ferdinand.

L'artillerie démasque ses batteries : boulets et mitraille couvrent la barricade, trouent les coins des maisons d'où part le feu le plus vif ; les édifices entiers s'ébranlent, vacillent ; des balcons tombent, des pans de mur s'écroulent, des étages s'affaissent, entraînant, écrasant dans leur chute des grappes humaines d'insurgés.

Cependant le canon a remué, ébranlé, disjoint les travaux de la barricade. Le maréchal Lecca voit l'effet de son tir et lance sur l'ouvrage une compagnie de sapeurs armés de piques et de haches ; après une heure d'efforts sous le feu roulant qui du haut des maisons les décime ces braves parviennent à pratiquer une large brèche.

A cette vue, un immense cri de joie part des rangs des soldats ; ils s'élancent par la trouée, culbutent la garde nationale à la baïonnette, et dans la déroute des volontaires en massacrent un grand nombre..

Cette immense barricade enlevée, on donne l'assaut au palais Cirella. Les troupes enfoncent l'entrée en quelques minutes ; elles inondent, comme un torrent, les cours, les galeries, s'introduisent par les fenêtres du rez-de-chaussée, et montent la baïonnette en avant. Les insurgés tirent du haut des escaliers, des balcons, des fenêtres.

Mais à la vue de quelques-uns des leurs frappés par la redoutable fureur des insurgés, ils se précipitent comme des bêtes fauves ; chaque émeutier qu'ils peuvent joindre à portée de leur baïonnette ou de leur épée est percé, massacré, déchiré sans pitié.

Puis les troupes se placent aux fenêtres du palais, et ouvrent le feu contre la seconde barricade, aidés par les soldats de la marine, qui tiraient des maisons voisines et tenaient libre la voie de Tolède pour les colonnes d'attaque.

Mitraillée de toutes parts, la barricade se démantelle : deux boulets de trente-six frappant la crête de l'ouvrage, l'ébranlent tellement qu'une trouée se produit ; les grenadiers y pénètrent ; les conjurés fuient, la position est emportée. La troisième barricade presque abandonnée coûta moins à prendre : elle s'affaissa comme d'elle-même, laissant libres les communications, jusqu'au quartier *Tedeschi*.

En cet instant, une compagnie de grenadiers qui faisait une ronde autour du port, trouva réunis sur le rivage les lazzaroni et les pêcheurs, terrifiés de cette révolution ; apprenant la victoire des troupes et la prise des barricades, tous se mirent à crier : Vive le roi ! la justice de Dieu l'a protégé contre les traîtres ! Ils accoururent, détruisirent les barricades, et s'employèrent avec la plus joyeuse ardeur à enlever les poutres, les pavés, les débris de toute nature qui jonchaient le sol.

Tandis que ces combats se livraient dans la rue de Tolède, une partie du second régiment suisse, et le quatrième, au bruit de la canonnade, et à la vue des signaux de secours hissés aux forts Saint-Elme, Castel-Nuovo, et Castel-del-Ovo, s'ébranlèrent au pas de charge et vinrent en colonnes serrées se masser sur la place de Castello ; entre les deux régiments marchait une demi-batterie de siége. Le quatrième reçoit l'ordre d'attaquer la barricade Sainte-Brigite, de la culbuter, et d'opérer sa jonction avec le premier régiment qui était aux prises avec les émeutiers de la place Saint-Ferdinand.

Cette troupe n'avait pas fait cinquante pas dans la rue Sainte-Brigitte quand éclate sur elle, de l'hôtel du *Lis-d'or*, et de toutes les maisons avoisinantes, une fusillade effroyable qui fauche des files entières. Les soldats avancent toujours, répondant de front au feu de la barricade, et de côté à celui des fenêtres. L'adjudant du bataillon, Edouard de Goumoens, s'élance en avant, saute sur la barricade, et encourage ses soldats à le suivre ; quelques-uns parviennent jusqu'au sommet de l'ouvrage ; mais de Goumoens est tué, et ses braves compagnons massacrés.

Le colonel comprenant que l'attaque ne peut continuer en colonnes, change de tactique ; il range sa batterie en face de la barricade, et place les soldats de chaque côté de la rue, par lignes rasant les murs, pour les préserver d'une partie de la fusillade. Le canon gronde, tantôt écrasant de ses boulets de gros calibre la barricade, tantôt de la mitraille criblant les maisons, criblant les fenêtres, détachant les balcons, brisant tout. C'était un épouvantable chaos. Les flancs déchirés de la barricade laissaient voir la garde nationale qui s'empressait de réparer les désastres, de replacer les poutres, de tasser la terre, de consolider les travaux ; mais chaque décharge enlevait de nouveaux débris, lançait au loin fascines et pavés, hommes et gabions.

Enfin la position fut enlevée, les soldats se précipitèrent dans la direction de la rue de Tolède, et poursuivirent vivement les gardes nationaux en déroute, mais le feu des fenêtres n'avait pas cessé ; plusieurs officiers, le colonel lui-même tombent frappés. Furieuses de ces pertes, les troupes escaladent les maisons ; rien ne les peut arrêter, ni les obstacles, ni les adversaires, ni les ordres mêmes de leurs chefs ; elles enfoncent les portes, envahissent les demeures, se précipitent sur les insurgés, passent au fil de l'épée tous ceux qu'elles prennent les armes à la main; elles épargnent cependant ceux qui demandent quartier. Telle fut la révolte de Naples; et néanmoins quelles atrocités les journaux de la Jeune-Italie n'ont-ils pas imputé à ces soldats! Ces satellites n'avaient eu de pitié ni pour le sexe, ni pour l'âge : ils avaient égorgé des vieillards impotents, des jeunes filles, des femmes enceintes, des enfants au berceau! Ils les avaient écrasés contre les dalles, percés de leurs baïonnettes, précipités vivants par les fenêtres! Mais des trahisons faites aux troupes, des massacres dont elles avaient été victimes, pas un mot; les feuilles radicales sont discrètes à propos : après avoir livré cette noble et pacifique cité au vent des révolutions, après l'avoir inondée du sang napolitain, il leur convenait de charger l'armée de ces forfaits, et de la dénoncer à l'Europe. Mais l'Europe aujourd'hui connaît les manœuvres de ceux qui provoquent les guerres civiles, et chargent les souverains de ces trahisons.

—

XXVI.

LES REMORDS.

Babette, on s'en souvient, avait été arrêtée une nuit, au milieu de mars, par la police. Les perquisitions faites chez elle amenèrent la découverte de papiers partie écrits, partie chiffrés; ils contenaient nombre de plans formés par la *Jeune-Europe* et les noms des affilés; on y découvrit que les secrets des cabinets étaient vendus à la secte; qu'elle avait des auxiliaires jusque dans la haute police, dans les hommes d'Etat, dans les ambassades. On y trouva aussi des ordres de soulèvements, des projets de conjurations, des instructions pour séduire, corrompre, attirer ou rattacher des conspirateurs anciens ou nouveaux; des lettres de change pour de grosses sommes, ou d'introduction près de hauts personnages, des blancs-seings souscrits de divers noms. Plusieurs de ces feuilles semblaient blanches; mais à l'aide de certaines préparations, on faisait apparaître sur elles des caractères écrits en encre sympathique. Quand Babette fut entraînée hors de son hôtel, elle jeta un rapide coup d'œil autour d'elle pour voir si la fuite était possible; mais le carrosse arrêté devant la porte rasait la muraille, et autour plusieurs individus de vigoureuse apparence semblaient autant de sentinelles : l'un d'eux abaissa le marchepied, et fit monter la prisonnière ; à l'autre portière se tenaient d'autres hommes attentifs, et de grosses cannes à la main. Le commissaire s'assit à côté de Babette, deux carabiniers en habits bourgeois se placèrent sur la banquette de devant, et la voiture partit au galop.

L'orgueilleuse femme ne disait rien ; déchirant de ses ongles les coussins de la voiture, elle ne permettait aux rages de sa colère de gronder qu'au fond de son cœur.

Cependant l'allure des chevaux se ralentit ; le carrosse roule encore quelques instants, puis s'arrête. Babette jette un regard hors de la voiture, et aperçoit une muraille sombre, puis une porte massive et une troupe de soldats : on ouvre la voiture, et le commissaire dit :

— Descendez, baronne.

Elle se lève ; l'homme qui avait ouvert la portière lui prend le bras comme pour l'aider à descendre, elle se trouve entourée d'une troupe de soldats, sous une voûte obscure, et le commissaire remonte dans la voiture, qui s'éloigna.

— Où suis-je ? demanda Babette.

— A la première porte du château de l'Œuf.

Un pont-levis s'abaisse, elle le traverse au milieu de son escorte, et aussitôt derrière eux retentissent le gémissement du cabestan, le bruit des chaînes qui relèvent le pont et le choc des battants contre la herse. Ils s'engagent dans un long et étroit passage, bordé de hauts parapets, et flanqué de gros canons de siége : c'est la seule langue de terre qui relie la forteresse, toute entourée par l'Océan, à la terre ferme. Enfin ils arrivent à une plate-forme introduisant dans le donjon de la forteresse. La nuit, l'obscurité, les gabions et les batteries ressemblant à de sombres gardiens de la solitude, les cris lugubres des sentinelles se renvoyant leur : Qui vive? tout remplissait d'une terreur secrète l'âme de Babette.

Les geôliers silencieux s'avançaient, secouant contre les sombres murailles leurs torches fumeuses pour attiser la flamme ; de terrasse en terrasse, de détours en détours ils pénétrèrent par une casemate dans un souterrain, le traversèrent, arrivèrent au pied d'une grosse tour, en gravirent l'escalier étroit et rond, longèrent un corridor sur lequel s'ouvraient à droite et à gauche des entrées de cachots : au fond de la noire galerie était une porte bâtarde, si petite qu'il fallait se baisser pour la franchir ; les geôliers l'ouvrirent et firent entrer Babette.

L'espace qu'éclairèrent les torches agitées par le vent était une sorte de carré construit en pierres de taille. De distance en distance, des chaînes de fer étaient rivées dans le mur ; dans un coin, une paillasse et une couverture servaient de lit ; en face de la porte, était percée dans l'épaisse muraille une fenêtre garnie d'un double rang de barreaux.

Les geôliers, après avoir introduit Babette dans ce cachot, se retirèrent ; les cadenas grincèrent, les verrous furent poussés, l'on entendit des pas lourds qui allaient s'éloignant, puis plus rien.

Babette resta un instant comme frappée de stupeur et d'insensibilité. Ses yeux grands ouverts fixaient le vide, ses mains pendaient inertes, sa respiration était oppressée, son cœur battait à peine ; elle était agitée de tremblements convulsifs et avait perdu la conscience d'elle-même. Quand elle revint à elle, la fureur, la rage, le désespoir, se livrèrent dans cette âme le plus épouvantable combat. Comme le vent qui sifflait à travers les barreaux de la fenêtre, chassant les escadrons des nuages sur le ciel orageux ; comme la mer qui, sourde et profonde, faisait mugir le flux et le reflux de ses vagues contre les écueils, ainsi l'âme de la prisonnière débordait de noires pensées, de violents projets, de rages furieuses que traversait parfois l'éclair d'une espérance aussitôt disparue.

Épuisée, elle se traîna à tâtons vers son lit, se roula dans sa couverture et appela le sommeil ; son corps ne trouva que lassitude, son âme qu'épouvante ; enfin elle tomba dans un assoupissement peuplé de sombres visions. C'était l'image de Cestio qui se présentait vivante et vengeresse à son esprit troublé par le délire ; Cestio était là, lui parlait, l'étouffait de ses horribles étreintes. D'une main il montrait sa blessure d'où coulaient les caillots d'un sang noir ; et ce sang de la victime venait tomber sur la tête, la poitrine, et tout le corps de l'assassin. De la main droite, le fantôme élevait le poignard qui l'avait tué, ce poignard aussi dégouttait de sang, et de chaque goutte tombée à terre naissait un flot rouge qui s'élançait vers la voûte; partout jaillissait le sang, c'était un fleuve, c'était une mer dont les vagues accusatrices soulevaient le lit de la malheureuse ; Cestio plongeait dans cette mer rouge ses bras de squelette, lui lançait au visage du sang, du sang toujours comme pour la noyer. Elle se tordait sur son lit, poussait des hurlements, demandait pitié; horreur ! c'était du sang qui sortait de sa bouche au lieu de paroles.

Elle ne put résister à ces épouvantables hallucinations, et tomba dans une sorte de léthargie où elle demeura jusque fort avant dans le jour.

Pendant deux mois et demi, chaque nuit ramena au chevet de la misérable le spectre de sa victime. Au bout de ce temps, elle tomba dans une sorte de folie furieuse; il fallut la transporter dans un hôpital de femmes, hors de la porte de Capoue, et la confier aux sœurs de Charité : là, les soins la calmèrent : elle recouvra sa raison, les progrès du mal s'arrêtèrent. Plusieurs prêtres vénérables voulurent profiter de cet instant pour l'attendrir par leurs marques d'intérêt et la ramener à Dieu, mais le péché était de cette âme; elle jetait sur ces hommes de bien toute la haine de ses regards, tout le mépris de son visage, et détournait la tête en blasphémant.

La vue de criminelles comme elle, revenant à la vertu sous l'influence de la religion, excitait chez elle des transports de colère : elle considérait les forfaits comme une gloire et le repentir comme une lâcheté. Le spectacle de la charité et de la douceur sublime des femmes qui la soignaient, était un nouvel aliment à ses fureurs. Les désespoirs, les révoltes de l'âme, ces rugissements du mal, provoquèrent une rechute : la fièvre chaude recommença, et cette fois tous les remèdes furent impuissants. Elle s'agitait sur sa couche comme une bête fauve prise au piége ; ses lèvres desséchées s'ouvraient avec effort et semblaient demander un air plus pur pour sa poitrine en feu. Souvent elle soulevait sa main crispée, la brandissait comme si elle eût manié un poignard : — Pas de pitié ! criait-elle ; meurs, infâme ! et elle la faisait retomber sur son lit, comme pour frapper au cœur une victime désignée.

Puis elle murmurait au milieu de son délire, les yeux égarés, la bouche écumante :

— Jacques Muller ! donne-moi l'arme, c'est moi qui tuerai l'infâme Leu (1).

— Ah ! Siegward est en fuite ! il s'est échappé de vos mains, chiens de catholiques, j'arrive. Oschenbeins, donne-moi la main ; et vous, Ineichen et Schmidli, aidez-moi ! Une lime ! J'en avais une dans mon corset ; ils me l'ont enlevée, les misérables.

Dans un de ses accès, un jour que les infirmières étaient absentes, elle se jeta hors de son lit et se précipita au milieu

(1) Jacques Muller fut l'assassin de Leu, catholique valeureux qui animait les anciens cantons à soutenir la liberté helvétique contre l'impiété radicale. Les autres noms sont ceux des membres les plus ardents du radicalisme, dans la guerre du Sunderbund.

de la salle. Les autres malades, épouvantées, poussèrent des cris; deux surveillantes accoururent, mais n'osant approcher, elles appelèrent un infirmier. Celui-ci, à l'aspect de cette femme furieuse, se jeta sur elle, l'enleva dans ses bras, et l'emporta sur son lit. Babette lutta et se débattit avec tant de violence, qu'elle se rompit une artère dans la poitrine; un flot de sang remonta à la gorge et l'étouffa.

Ainsi périt sous les coups de la justice divine, et frappée dans son propre sang, celle qui avait tant de fois versé celui des autres.

Le meurtre du juste crie toujours vengeance, et les assassins ne peuvent échapper à l'expiation; sans repos, sans asile contre les défaillances de leur corps et contre la voix de leur conscience, ils sont, sous l'apparence du calme, rongés comme Caïn par le ver du remords. La honte, les souvenirs, les terreurs les chassent dans les ténèbres jusqu'à ce que le filet de la justice vienne les saisir, le poignard d'un ennemi invisible les frapper, ou la colère de Dieu s'abattre avec la mort sur leur tête.

Pour obéir à l'article XLVI du code secret de la Jeune-Italie, maints affiliés se chargent d'immoler par le fer, le feu ou le poison, les victimes de la secte. Quelle est leur récompense? La plupart sont tués à leur tour par d'autres assassins : ne faut-il pas tenir secret le premier crime, et en noyer le souvenir dans le sang de son auteur? Je voudrais que ma voix pût être entendue de toute l'Italie, lorsque je dis :

Hommes qui, en 1848 et 1849, avez traîtreusement immolé

des centaines de malheureux, combien de vous sont encore de ce monde ? Et vous qui survivez aux colères de Dieu et des hommes, quelle existence est la vôtre ? Les ombres sanglantes de vos victimes ont-elles disparu de votre souvenir ? ne vous jettent-elles pas à la face leur assassinat ? Est-ce Mazzini qui vous arrachera aux mains souveraines de la justice divine ? Pourra-t-il corrompre avec l'or de la secte, les anges qui vous accusent, le Juge qui vous condamne, et l'esprit du mal qui vous réclame comme son domaine et sa proie ? Si vous ne croyez pas à ces vérités, pourquoi vos pâleurs, vos fuites, vos efforts pour cacher aux autres et à vous-mêmes vos exécrables forfaits ? Si vous y croyez, pourquoi ne faites-vous pénitence ? Dieu est là qui vous attend,

XXVII.

BATAILLE DE CURTATONE.

Après avoir déjoué et vaincu les menées de la conspiration, le roi de Naples résolut de rappeler l'armée qu'il avait à regret envoyée en Lombardie. Deux personnages partirent de sa cour avec mission secrète de porter à Pepe l'ordre de rentrer dans le royaume ; ils joignirent le général à Bologne. L'incorrigible fauteur de rébellion entra dans une colère affreuse à l'aspect des messagers et répondit :

— Ce n'est pas le roi Ferdinand, ce sont les ennemis de la patrie qui vous envoient. J'ai moi-même des instructions secrètes de sa Majesté ; elles m'ordonnent de franchir le Pô, de marcher résolûment au secours du roi de Sardaigne et d'opérer ma jonction avec l'armée d'Italie.

— Général, repartirent les envoyés, ou vous obéirez aux volontés royales, ou le commandement des troupes passera entre les mains du général Statella. Voilà le décret du roi.

Pepe persista dans sa désobéissance : il prit hautement les Polonais à témoin de sa fidélité à la patrie ; avant d'être sujet d'un monarque, proclamait-il, il était fils de l'Italie ; son pays lui imposait les plus sacrés de ses devoirs et de ses affections ; il n'hésiterait pas à franchir le Pô.

Sur ces belles promesses, la garde nationale prodigua au général des fêtes et de la popularité tant qu'il en voulut ; enfin il donna l'ordre de marcher sur Ferrare. L'armée s'ébranla ; mais, une fois profondément irritée et parvenue à Ferrare, elle refusa d'aller plus loin, et protesta de sa fidélité et de son obéissance au roi. Colères, menaces, Pepe employa tout en vain : il dut quitter ses troupes, suivi à peine de quelques officiers, qui avaient entraîné quelques soldats ; le gros de l'armée resta inébranlable, fit volte-face, et se replia.

Ce rare exemple d'obéissance militaire est d'autant plus glorieux pour l'armée napolitaine, qu'il fallut l'accomplir dans une ville pleine de conspirateurs et de gardes nationaux, et affronter la haine de gens qui savaient perdre, avec ces valeureuses légions, une des meilleures chances de la guerre.

L'armée s'avançait en masses serrées par les lieux sauvages, évitant les grandes routes, et campant dans des solitudes, sans nourriture et sans fourrage. Les marécages, les fossés, les bourbiers, les frondrières arrêtaient leur grosse artillerie, et ils ne pouvaient guère attendre de renfort des paysans, qui craignaient la colère des libéraux : sans caisses, sans argent, les soldats n'avaient même pas de quoi acheter des vivres sur leur passage. Les officiers firent une masse de leurs ressources personnelles, pour subvenir aux besoins les plus urgents de l'armée.

La retraite dés dix mille qui valut à la Grèce antique tant de renommée, ne coûta pas plus de courage, d'habileté, de périls et de constance qu'il n'en fallut à cette armée fidèle dans ce long voyage parmi des populations hostiles et les troubles des factions.

Détestés partout, harcelés toujours, attaqués souvent, ils parvinrent enfin aux frontières des Deux-Siciles.

La Lombardie, les affaires de la Sardaigne n'avançaient qu'avec lenteur ; ces retards donnaient belle prise aux déclamations des démagogues qui agitaient les cités, guerroyaient à coup de phrases et accusaient insolemment à la tribune le roi et la noblesse de trahison.

— La première épée de l'Italie se rouille dans son fourreau ; qui la tirera ? criaient-ils.

Et ils se s'irritaient contre l'inaction de Charles Albert.

Nugent avait enfoncé le centre des légions italiennes qui prétendaient lui barrer le passage de la Brenta et du Brachilione, pour sa jonction à Vérone avec l'armée du maréchal Radetzky. Il livra sous les murs de Vicence aux légions italiennes un combat où les volontaires romains, loin de se laisser entraîner par la déroute et lâcheté de nombre de leurs compagnons, restèrent fidèles au drapeau, et firent sentir à l'ennemi ce qu'il y a de courage et d'héroïsme militaire dans l'âme des vrais Romains.

Néanmoins, le 29 mai fut un jour néfaste pour les armes italiennes : quatre mille hommes, la plupart Toscans, furent attaqués par les Autrichiens près de Mantoue, dans les plaines de Curtatone et de Montanara. Ce fut la bataille la plus acharnée qui se fût livrée dans cette guerre. Les brigades autrichiennes de Benedeck et de Wohlgemuth étaient massées près de Curtatone ; celles des généraux Clam et Strassoldo à Montanara, la cinquième ; celles de Lichtenstein au-delà de Buscaldo. La jeunesse toscane se jeta dans les maisons, fit des barricades avec de grosses poutres, du fumier et du gazon, pour amortir l'effet de la canonnade. Dans toutes les directions ils avaient pratiqué des meurtrières et des créneaux pour défendre l'approche des portes, et l'assaut des fenêtres. Une partie se porta en avant dant la plaine, et s'y forma en carrés pour rompre le choc de la cavalerie allemande qui chargeait avec fureur ; des compagnies en tirailleurs harcelaient l'aile gauche des Autrichiens, tandis que bon nombre, derrière les fossés et les accidents de terrain, fusillaient de front leurs colonnes.

Ils n'avaient que quatre pièces d'artillerie placées sur un monticule.

Les Autrichiens avaient cinquante bouches à feu, bien gabionnées, pointées partie de front, partie de flanc sur l'ennemi ; leurs obus, et leurs pièces à longue portée moissonnaient les rangs de l'armée italienne, et allaient jusque dans son camp, semant le désordre, faisant sauter les munitions.

Rien ne peut lasser le courage de la jeunesse toscane ; pendant cinq heures elle opposa, sans reculer, son héroïsme au feu des Autrichiens.

Du reste, au milieu des maux qui fondirent sur la Toscane, il lui resta cette gloire d'avoir eu des fils valeureux, humains, courtois, dignes de leur patrie, pendant la guerre de l'indépendance. En Lombardie, les volontaires, sauf la lie des conspirateurs, se conduisirent de telle sorte qu'ils forcèrent l'estime et l'affection, dans tous les lieux qu'ils traversèrent. Un grand nombre qui s'étaient jetés dans cette aventure par imprudence, par un patriotisme irréfléchi, et croyant accomplir leur devoir de citoyens, donnèrent des preuves de piété sincère, et professèrent hautement la religion qu'ils avaient sucée avec le lait.

La foi ne diminua pas leur vaillance, elle l'accrut : avec une conscience en repos, ils restaient plus calmes encore devant la mitraille et s'élançaient plus intrépides aux chocs sanglants des batailles.

L'on en vit plus d'un frappé mortellement, ouvrir sa tunique, chercher dans sa poitrine d'unemain défaillante, en tirer une médaille, un scapulaire, et déposer sur ces saints emblèmes avec son dernier baiser, toute une prière de contrition et d'amour. Georges de Pimodan, aide-de-camp du maréchal Radetzky, fut témoin de ces faits à la bataille de Sainte-Lucie, sous Vérone. Il rapporte qu'avant d'ensevelir les soldats italiens, on leur avait enlevé leurs crucifix et leurs médailles d'or et d'argent, qu'il les avait achetés ; mais, à la pensée que c'étaient des souvenirs précieux de leurs mères et de leurs sœurs, il n'eut pas le courage de les conserver, et il les fit replacer sur les poitrines de ces valeureux champions.

XXVIII.

Joseph Mazzini.

Les conjurations, les crimes organisés par Mazzini pour le bouleversement de l'Italie, ont fait à cet homme une si effrayante célébrité que son nom seul représente à l'imagination les tortures, la mort, l'esprit même du mal, et je ne sais quel monstre étranger à la nature humaine.

C'est une profonde erreur. Mazzini ressemble aux autres hommes; il est d'un esprit prompt et délié, d'une âme bien trempée, d'un cœur bouillant, d'une volonté ferme, inébranlable ; il a des sentiments élevés, de grandes conceptions, mais pas de mesure. Ces dons naturels, utilement et saintement dirigés, développés par la vertu, fécondés par la sagesse, fortifiés par la religion, pouvaient faire de Mazzini un apôtre, un flambeau de l'Eglise, un victorieux contre l'hérésie

Cet homme qui nie le Christ, la Rédemption, l'Evangile, est né de parents chrétiens, a reçu le baptême à Gênes sa patrie ; longtemps il observa les lois de l'Eglise, s'agenouilla au tribunal de la pénitence, et se nourrit du corps du Christ. Il était fils du docteur Mazzini, professeur de l'Université, homme d'une vertu égale à sa science, cher à ses amis, révéré de ses élèves, estimé de tous, et passant pour un type de loyauté et de foi antiques. Joseph avait deux sœurs ; l'une, touchée par la grâce, dit adieu au monde et se mêla parmi les épouses du Christ dans le monastère des *Turchines*, religieuses célèbres à Genève par les plus éminentes vertus. Quelques années, passées dans la mortification et la prière, rendirent cette âme pure digne de la récompense ; Dieu l'appela à lui dans tout l'éclat de son printemps.

L'autre sœur, de santé délicate et presque perdue, était aussi une nature d'élite. Son frère l'aimait tendrement.

Elle mourut encore; ce fut une immense douleur pour Joseph.

Aujourd'hui, une sœur mariée et sa mère forment ses seules affections domestique. Cet homme, dont l'ombre fait trembler l'Italie, est pour sa mère le meilleur des fils, et l'une des plus poignantes tortures de son exil est d'avoir été séparé d'elle. J'ai lu dans une lettre adressée par lui à un ami d'enfance, le récit de sa joie profonde, quand il put enfin la revoir et la presser sur son cœur, après tant d'années passées loin d'elle.

Comment un tel homme a-t-il pu tomber si bas?

Son exemple est une grande leçon pour la jeunesse, dont l'imprévoyance court aux charmes et se laisse aller aux fascinations des compagnies dangereuses. Les premiers pas de Mazzini vers le mal furent troublés par les remords et les résistances. Que de fois voulut-il reprendre le chemin de la vertu ! Combien lui fallut-il de luttes et de défaites pour ronger, briser en lui le frein de la conscience ! Aujourd'hui encore, qui sait si parfois une voix ne crie pas à son cœur : Retourne à l'Eglise. Et bien qu'il ait osé, il y a trois ans, écrire au Pontife d'un Dieu crucifié pour la rédemption de tous : « Père saint, si vous voulez le bonheur des peuples, détachez-les de la croix, » qui sait si la vue de cette croix ne fait pas luire à son âme un rayon d'espérance ?

L'université le perdit; c'est à l'académie de littérature italienne, sous l'abbé Bertora qui s'était attaché tout particulièrement à lui, et pleura amèrement ses écarts, qu'il se jeta corps âme dans les sociétés secrètes. Il y apporta sa jeunesse, son intelligence, son courage, son audace et sa fermeté ; grâce à ces instruments, il augmenta ces associations en nombre, en influence, et sut en faire cette puissance redoutable à ses ennemis. Et comme Eglise et monarchie sont une digue qui emprisonne son cours, et brise son élan, c'est à l'Eglise et à la monarchie que la secte a juré une guerre sans repos et sans merci.

Nous ne croyons pas cependant que Mazzini soit aussi féroce que l'épouvante de son nom le fait généralement croire ; nous ne croyons pas que de sa main il ait jamais tué une victime désarmée ; de tous les meurtres qui, entre 1847 et 1849, ont ensanglanté les villes de l'Italie, pas un, peut-être, ne fut commandé par lui ; les comités spéciaux se sont toujours montrés plus cruels que le grand tribunal de Londres, parce qu'ils obéissent davantage à des rancunes personnelles, et parce qu'ils sont moins puissants. Ainsi Orsini à Ancône recevait les lignes suivantes de Mazzini :

« La République n'est pas l'assassinat. Ancône est aujour-
» d'hui la proie de l'assassinat organisé : il faut réprimer et
» sévir. »

L'œuvre de Mazzini, ce sont les conspirations générales ; il en tient le réseau ; assoupies, il les réveille ; conçues, il les exécute ; découragées, les raffermit ; incertaines, les décide ; manquées, les renoue ; et, comme un souffle impétueux, attire et propage leur immense incendie. Sous ce rapport, il doit à Dieu et aux hommes un compte sévère pour tous les maux que ces révoltes accumulent sur les peuples.

Plus intrépides que Weishaupt, son maître et le fondateur de l'illuminisme, Mazzini marche droit à son but. Weishaupt cachait au plus profond de ses mystères sa volonté d'abattre le trône et l'autel; Mazzini prêche cette doctrine à la face des nations. Plus loyal que ces geôliers constitutionnels qui, avec les mots d'ordre de légalité, de félicité publique, avec la maxime: « Les papes bénissent, les rois règnent, mais ne gouvernent pas, » garrottent les monarques et baillonnent hypocritement l'Eglise, Mazzini jette le masque et son gant à tous les pouvoirs.

« Plus de papes, plus de rois! le peuple est Dieu; à lui le sceptre et l'encens. Usurpateurs, cédez où je lutte! »

Ainsi il dit, ainsi il fait. Il est servi, obéi, redouté par ses créatures plus que les tyrans dans le moyen-âge par leurs *enfants perdus*, et leurs *lances de la mort*.

La vigilance des gouvernements a beau faire, prendre des mazziniens, les retenir dans les fers, les punir de mort, d'autres plus audacieux les remplacent : ces seconds, frappés à leur tour, de troisièmes surgissent; jamais de trêve, jamais de repos. Leur activité, leur persévérance sont une honte pour les pacifiques citoyens qui branlant la tête, et les mains dans leurs poches, ne savent que crier comme des femmes :

— Savez-vous l'événement?

Le public, les particuliers recevaient des correspondances de Mazzini; ce diable d'homme en envoie à tout le monde, amis et ennemis, sous le couvert de la poste. Grande nouvelle ! Les mazziniens se remuent, ils vont de province en province, traversent les villes, transmettent des ordres, attisent de nouvelles conjurations ; ils vont tout mettre à feu et à sang ! Miséricorde ! Qu'adviendra-t-il de nous? Sainte Madone, il nous dévoreront tout vifs !

Oui, ils vous dévoreront, si vous n'employez contre eux d'autres armes que votre langue ; ils connaissent le peuple mieux que vous et vos déclamations sur le progrès social. Qu'une révolution, ce dont Dieu nous garde, éclate un beau jour, et nous verrons si ce progrès social saura l'étouffer. La France, peut-être : on y a épuisé les bouleversements jusqu'au dégoût, et les honnêtes gens sont prêts à courir sus à la révolte ; mais en Italie, on n'a pas assez souffert des conspirations pour leur imposer silence. Les uns s'enfuiraient, les autres diraient des Oremus ; nombre de sages, pour sauver leur peau, crieraient avec l'émente tout ce qu'on voudrait.

Mazzini sait tout cela ; au commencement de 1848 ses émissaires se répandirent surtout en Toscane et à Rome ; là après les troubles du mois de mai, ils se mirent vigoureusement à l'œuvre, et se voyant secondés à souhait par les ministres Galetti, Mamiani et Campello, ils jouèrent leur grande partie. Toutes leurs espérances reposaient sur la guerre de Lombardie et de Vénitie ; grâce à elle, ils se promettaient de parvenir à leur but en bons chrétiens ; ils pardonneraient au pape l'encyclique du 29 avril, et conduiraient tout doucement le char de l'Etat dans un tel bourbier qu'ils pourraient dire au pape, avec tout le respect de dévots et de bons fils : — Saint Père, voudriez-vous, — ceci pour vous soulager bien entendu, — nous laisser maîtres quelque peu, et vous retirer, si cela ne vous incommode en rien, à Saint-Jean de Latran, où vous appellerez sur nous la bénédiction du Ciel? Nous nous chargeons des travaux, des difficultés, des périls du gouvernement, et nous engageons à les supporter avec patience pour le plus grand bonheur et la plus grande gloire de l'Eglise.

XXIX

L'ITALIE ET SES ASSASSINS.

Bien qu'initié aux rites sacriléges de la *secrète alliance*, bien que fauteur incessant et habile des conjurations, Aser avait puisé dans ses rapports avec les hommes à l'âme naturellement noble, qui peuplent l'Allemagne, l'élévation des sentiments, le mépris pour la trahison, la haine de la perfidie, l'horreur de l'assassinat. Il aspirait à la république universelle, et s'employait tout entier à l'accomplissement de ce rêve ; mais il aurait voulu le réaliser à armes ouvertes, en soulevant les peuples, en excitant une lutte déclarée contre les monarchies. Pendant toute la guerre de Lombardie, il se conduisit comme un homme de cœur, se trouva à tous les engagements sur le Sile, la Piave, le Bachiglione, l'Adige et le Mincio, et y déploya dans l'action et dans le conseil des qualités éminentes.

Ces mérites, cette noblesse de cœur excitaient son mépris contre la plupart des conspirateurs italiens, qu'il traitait de lâches.

— Après avoir poussé si haut le cri de l'indépendance, leur disait-il, après avoir poussé à la guerre une jeunesse qui est partie croyant en vous, de quel droit restez-vous à Rome, à Florence, à Naples, à Milan ? Dans ces assemblées bâtardes qui n'ont ni mission, ni droits, osez-vous, fils de Sylla, signer des listes de proscriptions et désigner au poignard des sicaires les citoyens qui ne pensent pas comme vous ? Eh quoi ! nous luttons la poitrine découverte, à la lumière du soleil, contre l'étranger, et vous, dans la sécurité de vos ténèbres, vous armez contre un homme sans défiance la main traîtresse de son concitoyen, de son obligé, de son ami, de son parent peut-être.

Honte à vous ! En Italie, le savez-vous, plus de citoyens sont tombés sous l'assassinat, que sous le feu de l'ennemi ? Quelle foi peut inspirer aux autres nations la cause de notre indépendance, si nous sommes des sicaires plutôt que des soldats ? Que l'infâmie en retombe sur vous !

Voilà ce qu'avait dit souvent Aser au cercle populaire à Rome, voilà ce qu'il répétait dans toutes les villes où il passait, voilà ce qu'il écrivait, et chaque nouvel assassinat commandé par la Jeune-Italie, lui arrachait ces généreuses invectives : maintes fois profitant de la confiance qu'il inspirait aux mazziniens, il avait soustrait à leur fureur plus d'une victime secrètement condamnée.

Que dut-il penser des assassinats qui ensanglantèrent l'Italie après la guerre lombarde. Ce fut une rage de meurtres, une folle soif de sang ! et ceux qui échappèrent au poignard des sectaires, peuvent témoigner encore de cet acharnement.

Le marquis François Bourbon del Monte était un jeune homme de noble maison, unique rejeton de sa famille, cher à ses amis, béni des pauvres, plein de patriotisme. Il avait été nommé colonel de la garde nationale dans un district voisin d'Ancône. L'ordre de voter pour la Constitution romaine le trouva à cheval à la tête de sa légion ; il répondit qu'il avait prêté serment et fidélité à son légitime prince et père, le pape Pie IX, et qu'il n'avait qu'une foi; qu'il aimait religieusement son pays, qu'il était prêt à lui sacrifier sa fortune, son rang, sa vie, mais non sa parole.

Peu de jours après, un soir, il se trouvait seul dans son cabinet de travail ; il entend ouvrir la porte, regarde et voit entrer un jeune homme, la main droite cachée dans le revers de son vêtement. Le marquis lui dit avec le plus grand calme :

— Que venez-vous faire ici, à cette heure, et sans être annoncé ?

— Je viens, répond l'autre en lançant au gentilhomme un regard chargé de haine, prendre vos ordres : demain a lieu une revue.

— C'est au capitaine que je donne mes instructions : vous irez demain les lui demander.

Sombre, muet, l'inconnu allait droit au marquis ; en ce moment arrive un domestique qui l'avait vu se glisser dans le palais et avait conçu des soupçons. L'étranger retire sa main de sa poitrine ; le marquis le regarde longuement, puis le congédie.

L'homme descend les escaliers, dévorant sa fureur ; il traverse le portique, et arrive dans la cour près des remises ; un palfrenier en sortait par hasard. A cette vue, le sicaire, saisi d'un mouvement de rage, se précipite sur le malheureux.

— J'ai manqué ton maître, mais je ne te manquerai pas, toi, vil esclave.

Et, frappé d'un coup à la tête, et de deux en pleine poitrine, le palfrenier tombe baigné dans son sang.

Le marquis Bourbon del Monte reconnut dans cette aventure la miraculeuse intervention de la Providence, et voulut l'en remercier. Il fit célébrer, à la Madone de San-Ciriaco, un office solennel, et s'y rendit. Comme il arrivait dans la rue la plus fréquentée de la ville, il fut acosté par un garde national qui avait à l'entretenir ; c'était le signal convenu d'un infâme guet-apens. Le traître s'éloigne, et le marquis poursuit sa route vers a cathédrale. A peine a-t-il fait quelques pas, qu'un homme 'élance, lui met un pistolet sur le front, et lâche la détente : le hien s'abat, mais l'amorce ne s'enflamme pas. Le gentilhomme dresse à la Madone une action de grâces ; un autre coup de istolet est tiré sur lui à trois pas ; la balle traverse sa chevеure et lui effleure l'oreille. Toujours aussi intrépide, il continue a route, et près du monument de Saint-Augustin, une troisième balle vint siffler à quelques pouces au-dessus de sa tête.

Ce triple attentat avait été commis par trois hommes en lein jour, dans l'endroit le plus populeux d'Ancône, en préence d'une foule stupéfaite.

Mais ce crime ne fut pas le seul qui souilla l'Italie : elle ne eut se rappeler sans frémir les sanglantes immolations commies dans ses villes. Forli pleure encore l'archidiacre de la cahédrale traîtreusement frappé sur la place même de l'église u'il avait construite, ornée, achevée de ses ressources personelles. Là, en face de ce temple où il sacrifiait chaque matin 'Agneau sans tache, où il prêchait l'Evangile, où il ouvrait le ribunal des miséricordes divines à tant de pécheurs, où il réandait les consolations, les espérances, les aumônes, où il seourait les veuves, les orphelins, les vieillards, là il fut assassié par un sectaire.

Forli encore n'a-t-il pas sous les yeux le cadavre de Luigi Finucci, magistrat intègre, vertueux, qui, ses fonctions remlies, retournait paisiblement à son foyer, quand il reçut un oup de poignard en pleine rue ? Et au milieu d'une fête populaire, la principale place publique de cette même ville, ne fut-elle pas teinte par le sang du valeureux et loyal Halter, commandant le deuxième régiment suisse, et qui tomba victime de sa fidélité à l'ordre et aux lois ?

Lui-même, Antonio Placucci, un factieux, un ami des conspirateurs, ne fut-il pas massacré par eux, parce qu'ils ne le trouvaient pas assez cruel, et qu'il séparait la rebellion de la perfidie et de l'assassinat ?

A Faenza, Annibal Rondinini, le plus doux, le plus pieux, le plus inoffensif des hommes, dont l'unique préoccupation était de faire du bien à ses compatriotes, fut également tué. Et l'inspecteur Angelo Ballardini prit-on en pitié sa lente agonie ? Cet homme fut savamment percé de trente coups de stylet, sous les yeux de sa femme, qui embrassait pourtant les genoux des bourreaux, les suppliant qu'on laissât du moins à son mari le temps de se confesser. N'est-ce pas encore devant leurs femmes, sous les yeux de leurs enfants, que les trois frères Borghiggiani furent massacrés par des assassins revêtus du costume de la garde nationale ?

Jeunes Italiens, vos nobles cœurs frémissent à ces atroces récits. Eh bien, je vous le demande : — Croyez-vous que les égorgeurs fussent du premier coup parvenus à cet abîme de sauvage férocité ? Non, non : plusieurs d'entre eux étaient, quelques années avant, des hommes à l'âme élevée, aux sentiments généreux, à l'éducation achevée, et animés d'une piété sincère ; ils pouvaient être l'orgueil de leurs familles, la joie de leurs amis, l'espérance de leur patrie. Qui les a changés en ces hideux artisans de l'assassinat? Un séducteur qui leur a parlé de liberté, de patriotisme, d'indépendance ; qui les a, sous ces prétextes saints, attirés peu à peu dans les sociétés secrètes, puis enchaînés par d'indissolubles serments ; et qui, après en avoir fait des esclaves, en a pu faire des bourreaux !

XXX

LES RÉPUBLIQUES ITALIENNES.

Les réformateurs ont promis la liberté à l'Italie ; mais leur liberté sans Dieu, faussée, bâtarde, n'est que l'hypocrisie de la licence. Il l'avait bien compris, cet homme honnête, le marquis Francesco Brancaleoni, lorsque le 10 juillet 1848, à Rome, à la chambre des députés, il s'écriait : « La liberté, ce mot que je ne crains pas d'appeler saint, n'a pas été compris de tous dans son sens naturel ; on l'a interprété comme la faculté de faire tout ce que l'on veut. L'ordre et la tranquillité en ont bientôt ressenti de rudes atteintes, et cela devait fatalement arriver.

Les prétextes menteurs de libéralisme et de progrès avaient permis à une minorité factieuse de troubler, de séduire, d'égarer tout un peuple, de faire luire à ses regards de trompeuses espérances, de l'enlever à ses habitudes, de le jeter de l'oisiveté dans la misère, de la misère dans le désordre : ainsi s'est brisé le frein salutaire qui, en maintenant chacun à sa place, assurait le calme et la stabilité pour tous.

» Qu'en est-il résulté ? l'abandon du travail, le malaise du commerce, la substitution du papier à l'or disparu, l'aggravation des impôts insuffisants parce qu'ils deviennent irrecouvrables, l'avilissement de la propriété, en un mot tous les présages d'un sinistre avenir... Et nous voulons que le peuple nous aime, nous croie dévoués à son amélioration ! Allons donc ! il dira que nous cherchons à le tromper, que nous le repaissons de chimères, et que nous voulons appuyer sur sa ruine les fondements de notre ambition. »

Quand les républiques antiques naissaient à la liberté, elles lui apportaient un digne cortége : leur simplicité de mœurs, leur tempérance, leur loyauté, leur instinct de la hiérarchie, leur respect de l'autorité dans la politique et dans la famille. Elles lui donnaient surtout pour compagne la foi ; à sa divine lueur, elles illuminaient leurs institutions et éclairaient les mystères de leur avenir. Alors les révolutions n'avaient d'autre but que l'affranchissement de la patrie, et jamais la politique n'était hostile à la religion ; qu'on passât du pouvoir royal au pouvoir électif ou populaire, dans ces commotions, le foyer de la foi ne s'éteignait jamais, et il dispensait à tous les régimes sa féconde chaleur.

Mais aujourd'hui on voudrait soustraire les constitutions et les républiques non-seulement à la tyrannie étrangère, mais à l'autorité de Dieu et de l'Eglise, idée complétement fausse, car la liberté n'est que l'obéissance aux lois éternelles du *vrai* par l'intelligence, et du *bien* par la volonté. Et c'est un sujet de profondes réflexions que de voir, pour les républiques de l'Italie, la décadence commencer dès qu'infidèles à leur politique et à leurs traditions, elles firent la guerre à l'Eglise.

Néanmoins Mazzini ne cesse d'écrire que pour devenir heureuse et libre, l'Italie doit renoncer au pape et se faire protestante. Il le publie, le répand, et se moque des simples qui le croient. L'Italie, il ne la veut pas davantage protestante que catholique. Ce qu'il rêve, c'est la république universelle, où tous les peuples seront des divinités, où, par suite, ne règneront ni lois divines ni lois humaines. Le moyen, en effet, de commander, d'enseigner quelque chose à un Dieu, de diriger son intelligence, son cœur, son activité! Qui a le droit de se dire roi, dictateur, triumvir, magistrat, percepteur? Qui a le droit de dire : Cette terre est à moi, ce palais est à moi, cet argent est à moi? Personne, si chacun est Dieu : chacun a sur chaque chose les mêmes droits souverains et absolus. Mais notons un détail : les dieux de Mazzini veulent bien qu'il y ait des maîtres, pourvu que ce soient eux; et des esclaves, pourvu que ce soient nous : ils ne voient pas d'inconvénients à notre pauvreté, s'ils sont les riches. Dieux injustes, dont la hâtive iniquité a pour premier acte effacé du Décalogue le précepte : « Tu ne voleras pas, tu ne déroberas pas le bien d'autrui. » Dieux jaloux, qui se haïssent l'un l'autre; dieux impudiques, livrés aux charmes des courtisannes, et qui feraient de danseuses les reines de l'Olympe; dieux qui veulent vivre aux dépens du peuple, et monter dans les carrosses qu'ils n'ont pas ; dieux de cabarets et de lieux infâmes; dieux qui oublient, montés au pouvoir, cette modération et ces vertus qu'ils prêchaient si bien avant d'y parvenir; dieux enfin dont l'avidité monstrueuse prêche le communisme pour engloutir le monde d'une bouchée !

La république de Mazzini n'aura pas de Dieu, elle n'aura pas même des hommes, parce que la négation de l'autorité établie en principe, l'Europe n'est plus qu'une réunion d'êtres sauvages; aux cris : pas de maître! plus de lois! ils se rueront les uns contre les autres, passeront leur existence à arracher mutuellement les moyens de la soutenir, à se déchirer, à se massacrer, jusqu'à ce que sur le sol dévasté reste un dernier homme qui règnera parce qu'il sera seul.

XXXI

Bataille de Santa-Lucia.

Cependant Mimo et Lando étaient revenus à Rome assez satisfaits que leur blessure leur permît d'abandonner leur métier de héros. Il est inutile de dire quelle fut la joie de leur mère : après avoir préparé depuis plusieurs jours de fort beaux sermons sur les devoirs des fils et les funestes suites de la désobéissance, la pauvre femme ne sut, quand elle revit ses enfants, que pleurer et les serrer sur son cœur. Ce fut fête dans toute la famille, et les guerriers furent accablés de questions sur les événements dont ils avaient été les témoins. Bartolo surtout était doué d'une curiosité insatiable ; il demandait des combats, les siéges, des massacres, voulait tous les détails, et les faisait répéter à satiété.

— Allons, Mimo, disait-il souvent, allons, Xénophon moderne, raconte-nous cette fameuse bataille de Santa-Lucia ; ce fut au dire des connaisseurs un brillant fait d'armes.

— Oui, répondait le jeune homme; et si les Allemands, malgré la position difficile que leur faisait le soulèvement de toute l'Italie du Nord, remportèrent l'avantage, les Piémontais ne déployèrent ni moins d'élan, ni moins de fermeté; mais ils furent moins bien commandés. Nos généraux ne connaissent pas le terrain : en gagnant, par les routes royales et les chemins de grande communication, les points de la *Croce Bianca* et de *Santa-Lucia*, ils n'avaient pas observé que toute la campagne est en cet endroit coupée dans toutes les directions par des murs, des barrières, des enclos en pierres et en cailloux : or, cette disposition ne permet ni les déplacements de troupes, ni les charges de l'artillerie, ni le passage des bagages. L'espace qui s'étend entre *Cà de' Cavri*, *Sant' Agata*, *Lugagnano*, *San-Massimo*, la *Filanda* et *Bussolengo*, est hérissé de ces murs; ils coupent le pays en des milliers de tronçons : ajoutez encore les vignes alors en pleine croissance; d'inextricables fourrés de mûriers complétaient les difficultés.

L'armée fut échelonnée en grandes files peu profondes : plan de bataille défectueux, et que des fautes plus graves vinrent encore compromettre. Les ordres du roi ne furent pas transmis avec assez de rapidité aux généraux. A six heures du matin, chaque corps devait se trouver en bataille à son poste : il arriva que pour n'avoir pas reçu assez tôt leurs instructions, l'arrière-garde et les réserves ne purent parvenir sur le théâtre du combat que pour voir l'armée plier d'abord à l'aile gauche, puis au centre.

Ceci dit, voici quelle fut cette bataille, la plus brillante et la plus acharnée qui se soit livrée dans ces plaines depuis Masséna et Napoléon.

Au point du jour, les légions descendirent confiantes des hauteurs qui s'étendent entre *Goïto* et *Pastrengo*.

L'aile droite marchait sur Santa-Lucia sous les ordres du général Ferrere, avec les brigades d'*Acqui* et de *Casale*, la cavalerie d'Olivieri et deux batteries.

Le centre faisait face à San-Massimo ; il était commandé par le général Sommariva, sous la direction du roi Charles-Albert en personne ; il se composait des brigades d'Aoste et des gardes, sous les généraux Sommariva et Biscaretti, du bataillon Realnovi et de la compagnie Griffini. La cavalerie Sala, les brigades *de Cuneo* et della Regina formaient l'avant-garde : le vaillant duc de Savoie et les généraux d'Avernoz et Trotti la commandaient. — L'aile gauche, formée de la 3e division avec le général Broglia, et soutenue par la cavalerie du comte de Robilant, était massée sur la *Croce-Bianca*. L'artillerie était sous le commandement du duc de Gênes.

Le maréchal Radetzky étant sorti de Vérone, opposa à la division Broglia le fameux d'Aspre, jusqu'alors invaincu ; à la droite des Italiens, le général comte de Wratislaw et l'archiduc François-Joseph, héritier présomptif de la couronne, et l'archiduc Albert ; l'aile gauche était à Tomba avec le général Clam. Le maréchal Radetzky s'était placé au centre, faisant face à Charles Albert. — Le champ de bataille comprenait tout l'espace que borne l'Adige entre *Il Chievo* et *Tomba*; il s'étendait du côté de Vérone depuis les fossés de San-Zenone jusqu'à Porta-Nuova, et jusqu'aux hauteurs de la *Croce-Bianca* et de *San-Massimo*.

Au point du jour, le combat s'engagea; la gauche des Piémontais s'élança à l'assaut de la Croce-Bianca, pour forcer les positions du général d'Aspre. Mais les fourrés de mûriers, et les murs dont ce terrain était sillonné, arrêtèrent leur élan, épuisèrent leurs efforts; ils franchirent pourtant jusqu'au dernier de ces obstacles; mais arrivés là, ils furent assaillis par le feu de toute l'artillerie ennemie. Décimés par la mitraille, enveloppés par les tirailleurs qui les décimaient sur les flancs, ils cédèrent; après une heure de combat acharné, la division Broglia dut battre en retraite; le feu autrichien, les charges de la cavalerie hongroise, changèrent bientôt en déroute ce mouvement.

Tandis que cette lutte ensanglantait la Croce-Bianca, le centre piémontais avait abordé celui du maréchal; mais les colonnes d'attaque furent reçues si vigoureusement que, pour échapper au choc des Autrichiens, et trop vaillantes pour lâcher pied, elles opérèrent un mouvement de flanc vers Sainte-Lucie. Ce mouvement découvrit la brigade d'Aoste, qui s'élança pour soutenir l'attaque de la cavalerie autrichienne, et donner au centre piémontais le temps de se réparer. Ce fut une horrible mêlée : les rangs se confondaient, s'élargissaient, et dans les terribles étreintes des bataillons, la mort frappait sans relâche.

Le brave général de Sommariva entra à son tour en ligne avec sa brigade; l'artillerie allemande dirigea contre lui son feu : exposée à cette canonnade menaçante ne pouvant ni se déployer, ni battre en retraite, cernée par les corps de l'archiduc Sigismond et du général Vohlgemuth, la malheureuse infanterie piémontaise fut décimée, malgré les efforts héroïques du régiment des gardes

Calme au milieu de cette lutte, indifférent à la mitraille qui sifflait autour de lui et éclaircissait les rangs de son escorte, le roi examinait les phases de la lutte; il reconnut bientôt que les mouvements des troupes engagées avaient changé le théâtre du combat, et que le maréchal avait porté son centre plus à gauche, sur Santa-Lucia; les Autrichiens, profitant de la connaissance des lieux, s'étaient établis, partie dans le bourg, partie dans la campagne environnante, ici en tirailleurs, là en masses profondes, avec de la cavalerie en ailes, et de l'artillerie en tête et en flanc. Ils avaient établi des galeries, crénelé les murs, barricadé les maisons, creusé des fossés, matelassé les fenêtres, et fait tout un système de formidable défense.

Les Piémontais l'avaient compris : mais il fallait enlever la position, enfoncer ce centre pour se rabattre ensuite sur le flanc et les derrières des tronçons autrichiens; Santa-Lucia devint le théâtre du combat le plus acharné : le cimetière surtout fut disputé avec une fureur inouïe; attaqué, défendu, pris, reperdu, repris, comme la clef de la position. Dans leur premier élan, les Piémontais l'abordent à la baïonnette; les Autrichiens refoulés se replient sur le centre; bientôt ils reviennent, soutenus par de nouvelles troupes, et, après un assaut en règle, parviennent à se rétablir, pour se retirer encore une fois devant les efforts combinés des divisions Ferrère et d'Arvillars. C'est à ce moment que fut connue la défaite des Piémontais à la *Croce-Bianca*. Le roi, craignant qu'irrésistibles dans leur choc victorieux, les colonnes du général d'Aspre ne vinssent à le couper, ordonne un mouvement de recul. A peine les troupes piémontaises ont-elles abandonné Santa-Lucia, que celles du maréchal occupent le bourg et s'y fortifient.

Il pouvait être trois heures après-midi, quand arrivent au pas de course les brigades *Regina* et de *Cuneo*. Le duc de Savoie était à leur tête; il crie au roi : « Sire, les braves de Charles-Albert ne peuvent devenir la proie de l'ennemi ; » et s'élance sur Santa-Lucia : c'est autour de chaque palissade, de chaque maison, de chaque fossé, un massacre sans relâche ; les bataillons s'anéantissent sous les boulets ; mais acharnés jusqu'à la mort, ils s'attachent aux positions qu'ils occupent, et sur les cadavres des leurs, dans leur propre sang, ils montent, ils avancent toujours. La cavalerie hongroise écrase l'armée royale sous ses charges furieuses, et la fauche comme le souffle de l'ouragan incline les épis. Mais, un instant déconcertés, les Piémontais se rallient, se reforment et se précipitent à l'assaut avec une telle furie que les Autrichiens abandonnent la position.

Alors le maréchal envoie son officier d'ordonnance, le jeune de Pimodan, porter au général Wratislaw l'ordre de se porter avec toutes ses forces sur le bourg et de le reprendre.

Les deux armées entières furent alors engagées : la terre tremblait sous les pas des chevaux, sous le poids des bataillons ; les batteries roulaient de toutes parts avec un bruit sourd ; et sous la fumée de la bataille, le jour était obscurci.

Les Autrichiens arrivent sous les retranchements de Santa-Lucia ; le général Salis, le lieutenant-colonel Leitzendorf et de Pimodan sont à la tête d'un bataillon de grenadiers, et d'un détachement du régiment Geppert ; ils enflamment les soldats, qui s'élancent à la baïonnette : les Piémontais demeurent fermes comme un mur d'airain. Leitzendorf tombe blessé à mort ; le général Salis est frappé d'une balle en pleine poitrine et meurt en serrant la main de Pimodan. A cette vue, les Autrichiens reviennent à la charge plus déterminés encore ; et abordant la brigade de *Cuneo*, ils tombent par masses sous le feu terrible des Italiens ; mais enfin un bataillon de *Prohaska* et les chasseurs du comte de Koppal, arrivent sur la brigade royale et l'enfoncent : le duc de Savoie est entraîné et se replie pour couvrir le centre de l'armée. Santa-Lucia est reprise par Radetzky, l'armée de Charles-Albert plie et bat en retraite sur toute la ligne. Le général comte de Clam, qui occupait l'extrême gauche à Vomba, voyant la défaite des Italiens, pousse à leur arrière-garde, et tombe sur elle : à ce choc, elle se débande, s'enfuit, la retraite devient une déroute ; ce fut pour l'armée italienne un bonheur que ces buissons du mûrier et ces murs qui coupaient a route, empêchassent la poursuite : sans cela, à la défaite se fût joint un affreux massacre.

Ainsi finit cette fameuse journée, au sentiment des hommes de guerre, l'une des plus remarquables qu'ait vue le sol de l'Italie.

XXXI

MORT DE ROSSI.

Bartolo était un jour chez Adèle, Mimo entra et dit à son oncle :

— Je viens de chez vous, je vous cherchais, j'ai à vous entretenir d'une affaire pressante.

Ils se rendirent dans la chambre du jeune homme, ce dernier tira un papier de sa poche :

— Voici une lettre d'Aser, qu'un Prussien m'a remise ce matin ; il l'aurait reçue de sa propre main et ne devait la remettre qu'entre les miennes ; les révélations qu'elle contient sont d'une telle importance que je crois devoir vous la communiquer.

« Ami,

« Jusqu'aux derniers événements, j'étais, tu le sais, à Venise ; j'avais à tenir tête au vieux Pepe, l'homme des aventures et des partis extrêmes, et à modérer Manin qui, sous l'influence du général, conduisait Venise à sa ruine. Quand je vis mes efforts rester stériles, et ces deux hommes faire persister dans leur révolte, sans prévoir les malheurs et sans tenir compte de la vie même de tout un peuple, je quittai Venise et me retirai dans le Bannat.

» Là, au milieu de ces Magyars, libéraux aussi eux, mais loyaux et hospitaliers, j'ai réfléchi sérieusement aux bouleversements, à la guerre dont l'Italie est le théâtre depuis 1847.

» Tu sais, Mimo, si l'indépendance de la patrie m'était chère : fatigues, argent, périls, vie même, je n'ai rien épargné pour elle. Eh bien ! je voudrais vainement me le dissimuler, le peuple italien ne connaît, ne soupçonne même pas cette liberté féconde et vraie qui fait le bonheur et la gloire des nations. Tu as été le témoin de ces saturnales qui ont enivré Rome, Naples, la Toscane, le Piémont, la Lombardie ; c'est à ses malsaines orgies qu'on donnait le nom sacré de la liberté. Détournerai-je mes yeux pour les reporter sur les faits de guerre ? La guerre, c'est rougir que la rappeler. Sauf l'armée piémontaise, valeureuse et disciplinée, sauf les Napolitains du 10e régiment, le reste des volontaires n'était qu'un ramas de forcenés ; les meilleurs ne savaient que se jeter follement à la gueule des canons, comme si la valeur était une rage aveugle et non pas une disposition élevée de cœur, guidée par la sagesse et mûrie par le sang-froid.

» Tout ce que nous avons vu n'est qu'une de ces fermentations qui n'aura pas plus de suite que celle qui se produit sur la presse. Les Italiens, crois-le, sont insensibles ou hostiles à toutes les nouveautés qu'ils n'ont pas faites, et que leur ont imposées les hommes de désordre. Ceux-ci, du reste, sont loin d'avoir achevé leur œuvre : tant qu'il reste à détruire, il y a pour eux quelque chose à faire, et l'orage s'amoncelle sur Rome.

» Avertis en secret Bartolo; qu'il mette en sûreté l'ange qu'il a pour fille et lui-même...

— Allons donc! s'écria Bartolo! Propos de visionnaire! Craintes d'écervelé!

— Ecoutez, je vous prie, mon oncle. Je continue :

» A Rome on prépare un grand coup. La secte mazzinienne est lasse d'États et de Constitutions, elle veut en finir avec les demi-mesures. Sous de belles phrases bien pensantes, elle organise la ruine.

» Proudhon, Ledru-Rollin, Louis Blanc ont échoué en France; Mazzini veut opérer en Italie le bouleversement qui n'a pu renverser Paris, l'Autriche et la Prusse.

» Livourne et Gênes s'apprêtent; Rome verra les catastrophes fondre soudain sur elle. Que Bartolo quitte cette ville et agne un État moins agité, par exemple Vevey ou Roll, sur les ords du Léman ; il serait mieux encore à Genève. »

— Mais c'est un cataclysme que ton diable de prophète ous annonce, interrompit Bartolo moitié raillant, moitié effayé.

— Aser ajoute encore :

« Les mazziniens ont résolu de se défaire du pape, des carinaux et de tout le clergé : ils réussiront ou tenteront du moins our cela les dernières extrémités ; un homme d'honneur ne aurait croire de quoi ces hommes sont capables : ils mineraient ans une hésitation Saint-Pierre, le Quirinal, le Vatican ; et s'ils e font pas sauter Rome, ce n'est pas que l'envie leur manque, t il y a, citoyens de la ville éternelle, plus de barils de poudre ous vos pieds, que de coupoles, d'arcs de triomphes et de coonnes sur vos têtes. Avise, Mimo, ne te laisse pas surprendre, nets en sûreté toi et ton argent ; que Bartolo fasse de même ; noi, je pars demain pour la guerre de Hongrie. Adieu et tout à oi.

» ASER.

« Panscowa, le 2 octobre 1848. »

Cette lecture remplit de perplexité l'âme de Bartolo ; Aser ıvait sans doute à se plaindre des meneurs de Rome, et cherhait à se venger en les calomniant, ou il était mal informé : il ıe fallait pas voir les choses sous des couleurs si sombres. Sans loute il y avait des fauteurs d'anarchie ; mais le pape n'avait guère à les redouter; il avait su s'affranchir du ministère Mamiani; à ce vieux mécanisme usé succédait le comte Rossi, qui semblait résolu à assurer l'ordre et la stabilité de l'État, à arrêter la licence de la presse, à organiser la police, à discipliner l'armée, éteindre la dette publique, et à affermir les finances.

Ainsi disait l'excellent homme, et l'avenir se reflétait dans sa pensée avec la couleur de ses espérances.

Le comte Rossi avait en effet les plus nobles intentions; mais ses ennemis ne voulaient pas lui laisser le temps de les réaliser. Les hommes qui s'étaient rendus au congrès de Turin, en revinrent avec des instructions à l'égard du ministre. Dès lors ce furent dans le public des bruits perfides : on murmurait que Rossi voulait remettre en vigueur les tortures du saint office, que l'on préparait au fort Saint-Ange des cachots pour tous les étrangers (1). Rome, aux premiers jours de novembre, était agitée, sombre et muette.

A Turin, on avait clairement indiqué le but : la république et la république par tous les moyens; à Livourne, dans un banquet donné à une députation romaine par les plus fougueux conspirateurs, il fut dit que, si le ministre Rossi continuait à s'opposer au libéralisme, et à entraver ses conséquences, il faudrait s'en

(1) Ce ne sont pas des inventions; l'auteur a maintes fois entendu dans Rome ces calomnies ridicules, débitées comme articles de foi; le peuple est toujours le même, et l'on ne perd jamais son temps quand on s'adresse à sa crédulité.

ébarrasser à tout prix; à Frascati, dans une autre réunion, les
œux suivants furent exprimés : Mort à Rossi. — Comment?
– Un coup de poignard. — Quand? — A l'ouverture de
ı chambre. — Où? — A sa descente de voiture, quand il
ıontera l'escalier, ou à sa sortie de la cour. — Qui frappera?
– Un seul n'est pas assez : mille circonstances pourraient l'em-
êcher d'accomplir l'acte ; et le coup manqué, adieu tout espoir.
l faut trois hommes. — Lesquels? — Le sort les désignera.

Ils étaient là plus de vingt, dévoué s au mal, déjà couverts du
ang d'autrui, à instincts sinistres, à la conscience muette, sans
)eur comme sans remords. Le lendemain, au milieu de la
uit, ils se réunirent dans une grotte de l'Esquilino ; le chef du
omplot jeta les noms dans un sac, les agita, et avant de retirer
eux que le sort allait choisir, promenant sur ses complices un
ombre regard :

— Jeunes hommes, dit-il, Rome, l'Italie entière sont entre
os mains ; de la pointe de vos stylets doit jaillir la liberté ; ar-
osée de sang, elle sera plus belle ; conquise par la force, elle
era plus forte. Tirez vos poignards et jurez de les enfoncer dans
› corps de celui d'entre nous que le sort aura désigné, s'il
ésite.

Le serment fut prêté sur les fers réunis, et un cri s'éleva de
)utes ces poitrines. — Mort à Rossi.

Alors l'homme de mort tira trois noms, les lut, et congédia
›s conjurés.

Il resta seul avec ceux que le sort avait choisis.

La grotte communiquait avec une autre non moins spacieuse : le chef se dirigea vers cette seconde caverne ; les trois hommes y pénétrèrent avec lui.

Dans le fond ils aperçurent un homme debout et qui semblait les attendre : par terre, un grand linceul étendu recouvrait quelque chose qu'on ne voyait pas.

Le chef se baissa, prit un coin du linceul, le souleva et mit à découvert trois cadavres ; et se tournant vers ses compagnons :

— Prenez un de ces corps, et étendez-le sur cette dalle.

L'homme qui était resté debout et immobile s'approcha alors :

— Si vous voulez que la victime tombe foudroyée, frappez un coup sec à la carotide : cette artère coupée, la mort est subite.

Et prenant la main d'un des sicaires, il lui fit toucher le cou du cadavre, et lui dit :

— La carotide est là, frappez.

Le conjuré tira son poignard et trancha net la veine.

— Bien ! A l'autre cadavre et à un autre de vous. Remarquez bien la place : près du tendon. Allez ! — Bien coupé !

La même épreuve fut faite sur le troisième cadavre.

L'homme reprit alors :

— Valeureux jeunes gens, quand vous frapperez, gardez votre présence d'esprit : pour que le cou soit découvert, pour ue la cravate et le col de l'habit ne vous empêchent pas, pousez le ministre par derrière : il se retournera pour voir qui l'a 'appé ; ce mouvement de tête fait saillir le carotide; alors, un oup de poignard, retournez le fer dans la plaie et perdez-vous ans la foule (1).

Pendant que dans les ténèbres se tramait l'assassinat, ce derier et irrésistible argument des sociétés secrètes, quelque hose de ce projet avait transpiré au-dehors. Des délateurs vaient secrètement informé Rossi qu'on en voulait à ses jours ; ɜs propos de Turin, les résolutions du banquet de Livourne, 'ébruitaient dans le public. Le comte avait trop de mépris pour rendre de peur. « D'âmes lâches on ne peut attendre, disait-l, que la lâcheté : pour les dompter, il ne faut que de l'énerie. »

On arriva ainsi au 14 novembre. Le lendemain, les Chambres levaient s'ouvrir, le ministre avait préparé son discours; il y xposait aux députés ce qu'il avait fait jusqu'alors et ce qu'il omptait accomplir pour le bien de l'État.

Ce discours avait été lu au pape qui l'approuvait et en spérait d'heureux résultats. Le Souverain-Pontife n'avait du 'este pas dissimulé à Rossi les difficultés de l'entreprise, la

(1) Suivant le journal *la Bilancia* de Milan (nº du 13 mars 1851), un seul adavre aurait été transporté de l'hôpital San-Giacomo pour l'épreuve qui ut lieu à minuit. L'auteur a entendu soutenir à Rome la même version ; nais on a des raisons de croire ce qu'il raconte mieux fondé.

perfidie de ses ennemis, l'incertitude de l'avenir. Rossi avait répondu :

— Saint-Père, Dieu seconde la justice et sait conduire ses desseins. Bénissez-moi, et dussé-je y sacrifier ma vie, je la consacre à poursuivre le mal, à défendre votre pouvoir et la gloire de l'Eglise.

La nuit qui précéda le 15 fut mise à profit par les conjurés. Des messages secrets circulèrent, les mots d'ordre mystérieux furent dits, les postes assignés.

Une dame romaine envoya au point du jour un billet à Rossi, pour le prévenir.

« N'allez pas à la Chambre, vous y trouveriez la mort. »

Rossi ne fut pas ébranlé ; avant de partir, il entra chez le pape pour lui demander sa bénédiction. Pie IX était triste.

— Comte, dit-il à son ministre, n'y allez pas, ils sont capables de tout.

— Je les crois plus lâches que dangereux, répondit Rossi.

Et il prit congé.

Comme il montait en voiture, un prélat, Mgr. Marini, l'aborde, pâle et tout ému :

— Comte, votre obstination vous perd, la mort vous attend sur les marches de la Chancellerie.

— Monseigneur, répondit le comte, mon devoir m'appelle, Dieu me protégera.

Et il partit.

Il était accompagné de Righetti, attaché au ministère des

finances ; la place de la Chancellerie était couverte d'une foule sombre et agitée. Sur le passage du carrosse, des voix s'élevaient : — Le voilà ! C'est lui ! C'est lui ! La voiture s'arrête sous le portique du palais : Rossi en descend calme et ferme ; il voit autour de lui des groupes qu'il traverse ; à quelques pas du grand escalier, il est accueilli par des cris et des sifflets, et continue sa route sans y prendre garde.

Il posait le pied sur la première marche, quand il se sent heurter à l'épaule ; il se retourne, et, en ce moment, la pointe d'un stylet s'enfonce dans sa gorge. Il s'écrie : — Oh ! mon Dieu ! monte encore trois marches et tombe. Un groupe de conjurés l'enveloppe, et empêche la foule de voir et d'entendre. Aux cris — Qu'y a-t-il ? ils répondent : — Ce n'est rien, silence ! Righetti et un domestique du ministre le prennent dans leurs bras et le portent jusque dans la Chancellerie, le déposent sur un siége ; il pousse un gémissement et expire.

Une voix annonce à la Chambre la mort du premier ministre. Pas une tête ne se lève, pas un front ne se plisse ; pas un étonnement, pas une douleur ne se peignent sur le visage des députés : chacun continue de causer ou d'écrire à son banc, comme si on avait annoncé la mort du grand Vizir. Les ambassadeurs qui assistaient à la séance, indignés, quittent leur tribune. Ils sont suivis par les députés de Bologne, collègues de Rossi.

Rome resta comme anéantie de ce forfait qui la souillait aux yeux de l'humanité tout entière ; mais les conjurés insultant au deuil public, promenèrent dans la ville en triomphe un malfaiteur qu'ils avaient armé d'un poignard sanglant ; c'était comme l'idole de l'assassinat que cette populace aveuglée portait sur ses épaules : citoyens, gardes nationaux, soldats, confondus dans un même désordre, chantaient :

Benedetta quel la mano
Che il Rossi pugnalo (1).

Non contents de cette infâme allégresse, ils osèrent, les misérables, porter jusque sous les fenêtres de la veuve et des orphelins leur cortége et leurs chants.

Pendant que le Corso était le théâtre de ces saturnales, les chefs des conspirateurs voulurent mettre à profit les angoisses du pape, le deuil de la cité, la confusion du gouvernement : ils se réunirent au cercle populaire ; là Sterbini, Pinto, Spini, et quelques têtes de parti, forment un *Comité de salut public ;* le comité expédie ordres et décrets ; partout il trouve une lâche obéissance.

Et le pape? ce prince généreux qui avait arraché aux fers ces hommes de désordre ; qui avait en père pardonné tout leur passé et reçu leurs serments de fidélité, d'amour ; le pape? nul ne songeait qu'il existât ; un coup de poignard avait fait passer le pouvoir aux mains du cercle populaire.

Les conspirateurs sentaient néanmoins que leur autorité n'avait pas de consistance ; ils résolurent pour la fortifier d'im-

(1) Bénie soit la main qui a poignardé Rossi.

poser au pape des ministres, mais de façon à lui laisser aux yeux de l'Europe l'apparence de la liberté, et par suite la responsabilité du choix. Ils cherchèrent les hommes qui lui étaient dévoués et formèrent la liste à présenter au Saint-Père : ils lui laissaient du reste autant d'indépendance et lui témoignaient autant de respect qu'en peuvent montrer les bandes armées quand elles réclament la bourse de leur captif.

On voulait des ministres libéraux, on en eut. Mamiani, Galetti, Sterbini, Campello formèrent la fournée démocratique. Le 16, plusieurs milliers de gardes nationaux, des soldats de tout grade et de toutes armes, une populace soudoyée, ivre, furieuse, se masse autour du Vatican, et appuie de sa présence et de ses clameurs Galetti, qui présente au Saint-Père les demandes des révolutionnaires.

Le pape répond qu'il ne veut pas recevoir de lois de ses sujets. Galetti supplie, Pie IX reste inébranlable. Alors l'envoyé du peuple se montre à un balcon ; il annonce à ces furieux qu'il excite encore la résolution du pape.

Une clameur furieuse accueille cette réponse. Galetti retourne au pontife et le conjure de calmer le peuple. — Demain, répond le pape, je ferai connaître mes volontés.

Galetti retourne au balcon et lance à la foule ce mot :

— Demain !

— Non, tout de suite, répondent mille voix.

Aussitôt on court aux armes; les plus exaltés s'élancent contre le palais. Les Suisses en barricadent les portes; les rebelles mettent le feu à celle qui fait face aux quatre fontaines et tentent l'assaut par les fenêtres. C'est alors que les Suisses tirèrent ; cette décharge fut le signal de la guerre.

— Au canon ! crient les émeutiers.

Bientôt une batterie est amenée sur la place du Quirinal ; on pointe contre la porte principale les canons, mèche allumée ; et comme on pensait que le pape apparaîtrait à sa *loggia* pour calmer la fureur du peuple et prévenir les derniers excès, un assassin s'était blotti derrière la statue de Pollux (1), et le doigt sur la détente, se tenait prêt à viser le pontife en pleine poitrine, dès qu'il apparaîtrait.

XXXIII.

Le Pèlerin Apostolique.

A la nouvelle du Quirinal assiégé, tous les ambassadeurs des princes chrétiens accourent pour protéger la personne sacrée du pape. C'étaient le duc d'Harcourt, ambassadeur de France ; Martinez della Rosa, ambassadeur d'Espagne ; le comte de

(1) Statue située sur la place du Quirinal.

Spaur, ministre de Bavière ; M de Migueis-Venda-da-Cruz ministre de Portugal; le comte de Boutenief, ministre de Russie; MM. Liedekerke, ministre de Hollande; de Maistre, secrétaire de la légation belge, de Canitz, secrétaire de la légation prussienne. Quand ils virent le canon braqué contre les portes par la fureur de la populace, ils conseillèrent au Pape, pour prévenir les excès où se pourraient porter les rebelles, qu'il leur accordât ce qu'ils demanderaient pour éviter ce coup de main sacrilége.

Le pape n'avait rien perdu de sa fermeté. S'adressant au corps diplomatique, qui l'entourait avec respect:

— Messieurs, dit-il, vous êtes témoins de la violence que me fait la rébellion ; j'y cède, contraint, et pour empêcher l'effusion du sang. Mais je proteste devant vous et devant les souverains que vous représentez.

Le lendemain, la révolution inassouvie intimait au pontife l'ordre d'enlever aux Suisses la garde du Quirinal et de les remplacer par la garde civique ; ceux qui avaient tiré sur le peuple n'étaient plus dignes de veiller sur le prince, Rome ne pouvait le souffrir.

Les fidèles Suisses furent désarmés et consignés au Vatican. La garde civique occupa leurs postes et ne rougit pas de planter ses factionnaires non-seulement à toutes les portes du palais, mais au pied des escaliers, et presque dans les antichambres du pape. Ce n'était plus une garde, c'étaient des espions, des geôliers qui tenaient le pontife prisonnier au fond de son palais.

Cependant le pape envoya aux cardinaux de secrets messages pour les engager à se soustraire à la fureur des factieux. On ne saurait dire à quels dangers, à quels obstacles, à quelles embûches furent exposés les membres du Sacré-Collége dans leurs tentatives pour quitter Rome ; ils furent contraints d'employer toutes les ruses, tous les déguisements. Leurs demeures furent livrées au pillage.

Devant ces excès, les ambassadeurs, après en avoir conféré avec le cardinal secrétaire d'Etat, pensèrent que le meilleur parti à prendre était d'obtenir du Saint-Père qu'il abandonnât Rome en secret.

Le pape hésitait : d'un côté il craignait que son départ ne fût pour la ville le signal du pillage et du massacre ; de l'autre, il n'ignorait pas que le 27 une émeute formidable allait éclater, et renverser par ses efforts sacriléges le pouvoir temporel ; la mort même du pontife était une éventualité prévue, et plus de cent sicaires s'étaient engagés par serment à en faire une réalité.

Au plus fort de ses incertitudes, le pape reçut de France, le 19 novembre, une lettre de l'évêque de Valence.

« Dans ce paquet, écrivait le vénérable prélat, se trouve le ciboire dans lequel le Souverain-Pontife Pie VI renfermait le Saint-Sacrement, qu'il portait à son cou, et dans lequel il trouva les forces et les secours dont il eut besoin dans son voyage à Valence. Que Votre Sainteté agrée ce souvenir, et y puise, s'il en est besoin, des consolations en quelque circonstance que la placent les desseins de Dieu. »

Cette coïncidence, fortuite en apparence, était suscitée par l'éternelle Sagesse qui dispose toutes choses, même les plus petites. Le pape en fut frappé : il entra un instant dans sa chapelle, se prosterna près du tabernacle, pria avec ardeur, avec larmes, et se releva enfin, résolu à partir.

Le jour suivant, le 20, le comte de Spaur, ministre de Bavière, se présenta chez le cardinal Antonelli, secrétaire d'Etat, pour connaître la détermination du pape ; apprenant que Sa Sainteté était décidée à quitter Rome, il s'offrit à le conduire à Gaëte: là, elle pourrait attendre un vaisseau espagnol qui la transporterait aux îles Baléares, comme elle en avait manifesté le désir.

Après cette entrevue, le comte tint une longue conférence avec le duc d'Harcourt, et toutes les mesures furent prises pour faire sortir de Rome le pape dans le plus grand secret et le conduire sain et sauf à Gaëte. Filippani, camérier secret de Sa Sainteté, gentilhomme d'une fidélité éprouvée, fut mis dans le secret et chargé de préparer le bagage indispensable pour le voyage ; il le porta, objet par objet, sous ses vêtements au comte de Spaur, qui le déposait aussitôt dans son coffre-fort. Aucun soupçon ne fut éveillé. Le comte avait fait part à sa femme de l'honneur que Dieu leur envoyait à tous deux, en les choisissant pour arracher son vicaire aux mains rebelles de ses sujets. La comtesse Térésa, fille du comte Giraud et veuve de Dodwell, était une femme aussi distinguée par l'esprit que remarquable par le caractère : sans se laisser abattre par les périls qu'elle allait courir avec son époux, par les piéges dans lesquels le

Souverain-Pontife pouvait tomber, elle refoula ses craintes, fit taire son cœur de femme, et ne lui permit que de s'élever vers Dieu pour le remercier d'un tel honneur, et le supplier pour le succès d'une si grande entreprise.

Cependant l'ambassadeur d'Espagne avait envoyé entre Nettuno et Terracine des hommes avec mission d'avertir dès qu'apparaîtrait le vaisseau à l'horizon. Le duc d'Harcourt devait déjouer la surveillance des sentinelles en feignant d'entrer chez le pape pour son audience accoutumée ; il était convenu que le cardinal-secrétaire d'Etat partirait quelques heures d'avance sous un déguisement, avec M. d'Arnau, secrétaire de l'ambassade d'Espagne, et que Filippani irait comme d'ordinaire au palais, vers l'heure du souper. — Tout était arrêté pour le soir du 24. Le comte de Spaur avait déjà fait répandre la nouvelle qu'il partirait pour Naples, où le roi l'appelait; la comtesse avait dit dans sa famille et dans son cercle qu'elle prendrait les devants avec son fils Maximilien et le précepteur de celui-ci, et qu'elle attendrait le comte à Albano ; que celui-ci était obligé de rester pour terminer les affaires du défunt signor d'Ohms dont il se trouvait l'exécuteur testamentaire.

Le comte avait prévenu la comtesse qu'il suivrait la route longeant le lac d'Albano, l'informerait de son arrivée, et qu'elle aurait alors à le rejoindre hors d'Aricia avec une chaise de poste.

Le départ de la comtesse n'eut pas lieu sans difficultés. Un de ses frères, garde-noble, la voyant seule avec son fils et le précepteur, voulait à toute force l'accompagner.

— Tu ne partiras pas seule, disait-il, au milieu des troubles, il pourrait t'arriver quelque accident.

La comtesse alléguait raisons sur raisons, mais en vain ; elle ne put se débarrasser de la sollicitude de son frère qu'en lui déclarant qu'elle saurait au besoin se servir des pistolets du comte, et en partant au galop de quatre chevaux.

A cinq heures du soir, comme cela était convenu, la voiture du duc d'Harcourt s'arrêtait devant le Quirinal : le duc venait à l'audience du pape. Il entra dans le cabinet du pontife, et après avoir baisé la mule et reçu la bénédiction, il s'assit et parcourut les journaux : le pape s'était retiré dans sa chambre et se dépouillait de son vêtement pontifical. Filippani avait préparé des vêtements noirs de prêtre. Pie IX les contemplait, quand deux larmes sillonnèrent sa face auguste; il s'agenouilla aux pieds de son lit et pria. Que dut en cet instant suprême dire à Dieu le Vicaire du Christ?

Filippani l'interrompit après quelques instants.

— Saint-Père, l'heure nous presse.

Le pape retira son étole de pourpre, la baisa et la mit aux pieds du crucifix ; puis on l'aida à enlever son vêtement blanc. Quand il eut revêtu la soutane noire, il revint auprès du duc d'Harcourt, qui se jeta de nouveau à ses pieds, reçut la bénédiction et lui dit :

— Saint-Père, partez sans crainte ; la sagesse de Dieu vous a inspiré, la Providence vous guidera.

Pie IX se dirigea par des passages secrets à une porte dérobée, dite porte des Suisses ; elle donnait sur le grand escalier ; mais là, quand on donna le signal à un homme dévoué, il se trouva que dans la confusion du départ, on avait oublié d'ouvrir cette porte. Le contre-temps ne causa à l'âme du pontife aucune émotion, bien qu'il se vît en danger imminent d'être découvert ; Filippani courut à la recherche de la clef ; quand il revint, il trouva le Saint-Père agenouillé et tout entier à ses méditations. On eut quelque peine à ouvrir la porte ; enfin la serrure céda, ils sortirent, descendirent, et arrivèrent au carrosse. Un des palatins qui accompagnait le pape ouvrit la portière, abaissa le marchepied, et, sans réfléchir, s'agenouilla comme il en avait l'habitude, tandis que le pape montait.

— Que faites-vous ? lui dit Pie IX ; si les gardes vous apercevaient !

Le palatin se releva, tout confus de sa distraction. Il y avait dans le palais plus de vingt-quatre personnes qu'il avait de toute nécessité fallu mettre dans le secret ; cependant toutes le gardèrent si inviolablement, qu'aucun des conspirateurs ne conçut même un soupçon.

Le pape était en vêtements noirs ; un chapeau rond et bas, et une grande cravate sombre, roulée autour du cou, cachaient sa figure. Filippani avait sous son manteau un rouleau contenant les papiers secrets du pape, son bréviaire, son sceau, les mules, et une cassette de médailles d'or avec le portrait de Pie IX. — En sortant du palais, Filippani salua, selon sa coutume, les officiers de la civique, de garde à la porte. Comme la ville était pleine d'espions, il fit passer la voiture par des rues écartées; le carrosse se dirigea d'abord vers le forum de Trajan, tourna par la rue Alexandrina jusqu'au Colisée, et de là par les magasins à fourrage, gagna l'église Saint-Pierre et Saint-Marcellin, où attendait le comte de Spaur, fort inquiet de ce retard.

Là, le pape se sépara de Filippani, et monta dans la voiture du comte. Bientôt on arriva à la porte San-Giovanni.

— Qui vive?

— Ministre de Bavière.

— Où allez-vous?

— A Albano.

— Passez.

Et le pape se trouva hors de Rome.

Au Quirinal, le duc d'Harcourt était resté dans le cabinet du pape jusqu'au moment où il jugea Pie IX assez éloigné. Quand il sortit, un prélat entra avec des papiers pour affaires d'Etat, puis un camérier secret pour réciter l'office avec Sa Sainteté. A l'heure ordinaire on servit le souper; après quoi, sous prétexte que Sa Sainteté prise d'un refroidissement voulait se coucher, les gentilshommes de la chambre et la garde d'honneur furent congédiés. Le plus curieux était de voir, tandis que le pape courait libre vers Gaëte, les scélérats qui l'assiégeaient jusque dans ses appartements, faire sentinelle avec leurs mines de bêtes fauves, leurs sabres nus, leurs armes chargées. Au moment où un prélat de la chambre, voyant ouverte la porte dérobée, se mit à crier tout hors de lui : Le pape s'est enfui, le Pape s'est enfui ! le comte Gabriel le saisit par le bras : — Silence, Monseigneur, ou vous nous faites tous massacrer. « Le prélat se tut, et les gardes, sans se douter de l'incident, continuèrent toute la nuit à veiller sur le prisonnier qui leur avait échappé.

Après avoir dépassé l'Arriccia, et arrivé à la fontaine qui se trouve sur la grande route de Naples, près du sanctuaire de Galloro, le comte de Spaur descendit de voiture avec le Pape, pour attendre sa femme. Ils étaient là depuis quelques minutes, lorsque cinq carabiniers qui faisaient une ronde dans la campagne, apercevant les deux voyageurs, vinrent à eux, et leur demandèrent qui ils étaient.

— Je suis, répondit le comte de Spaur, le ministre de Bavière ; je vais à Naples envoyé par mon roi, et j'attends ma chaise de poste.

Les carabiniers assurèrent que les routes étaient sûres, et s'offrirent néanmoins à escorter le ministre ; ses remerciements ne purent les éloigner. Le pape s'était appuyé contre une borne sur le bord du fossé, et attendait avec le plus grand calme,

Enfin la voiture arriva.

En apercevant le pape et son mari entourés de carabiniers, la comtesse fut près de se trouver mal. Cependant à tout hasard elle fait arrêter le carrosse, et s'adressant au pape, lui dit d'un ton qui ne trahit rien de ses angoisses :

— Allons, M. le docteur, montez.

Le pape se place à côté d'elle dans le fond de la voiture, le comte se place sur le siége avec Frédéric, son homme de confiance : chacun avait deux pistolets.

Dans le carrosse, la comtesse était à droite, ayant le pape à sa gauche ; et en face, son fils Maximilien et le précepteur, l'abbé Sébastien Liebl. Les premiers instants se passèrent dans un profond silence ; le respect fermait chaque bouche, et chaque cœur était ému de se trouver si près du Vicaire du Christ.

Le pape rompit le silence et prononça ces mots :

— Courage ! Je porte avec moi le très-Saint-Sacrement, et dans le même ciboire que le portait Pie VI, lorsqu'arraché à son troupeau, il fut conduit en France.

Le Christ est avec nous ; il est notre égide et notre salut.

A ces mots, ce fut un mouvement unanime, tous auraient voulu se jeter à genoux ; ils restaient à moitié levés, immobiles et n'osant proférer une parole.

Mais la bienveillance du pape tempéra bientôt sa grandeur ; il raconta les incidents de son départ, et la main visible de la Providence qui avait aplani les obstacles et aveuglé ses ennemis.

A Genzano, le comte expédia en avant un courrier pour préparer les postes. Après quelques paroles affectueuses à la comtesse, le pape se tourna vers don Sébastien, et récita avec lui l'*Itinéraire des Clercs* et d'autres oraisons.

Vers le milieu de la nuit, il prit quelques morceaux d'orange pour se soutenir ; et la fatigue leur donna un instant de sommeil, pendant qu'ils traversaient les marais Pontins.

A cinq heures du matin, ils étaient à Terracine, et une demi-heure après passaient la frontière.

Le pape leva alors les yeux au ciel et entonna le *Te Deum* que tous récitèrent avec lui ; puis il dit avec le prêtre l'office divin. Il était déjà bien loin des frontières romaines avant que les conspirateurs du Quirinal se fussent aperçus de son départ. On continuait à fomenter contre lui dans le cercle du Peuple les attentats les plus odieux : le plan était d'arracher au pape tout pouvoir, de le chasser de son palais et de l'enfermer dans le cloître de Latran, avec le titre d'évêque de Rome.

Bientôt même ce projet ne parut pas assez radical ; les plus exaltés pensaient que la papauté devait être radicalement détruite : nommer un évêque de Rome, c'était refaire un pape ; la superstition resterait la plus forte si on ne la coupait pas jusque dans ses racines. Frères, s'écria l'un d'eux en sautant sur une table, la raison parle par votre voix : après demain, qu'un second assaut abatte le souverain et dissipe ses satellites. »

— Bravo ! Vive le cercle populaire ! mort au pape ! hurla la foule.

Qu'allait-elle dire quand elle apprendrait le lendemain matin que le pontife était en sûreté ?

Le pape avait écrit quelques lignes au marquis Sacchetti, son chambellan, pour mettre sous la sauvegarde de ce gentilhomme les palais apostoliques ; il le chargeait d'informer Galetti et les autres ministres de son départ, et de leur recommander la paix de Rome. Cette nouvelle fut pour les démagogues un coup de foudre ; ils en demeurèrent terrassés et impuissants : ils comprenaient que c'en était fait de leurs triomphes, et que les mesures désespérées n'auraient qu'eux-mêmes pour victimes. Le vrai peuple était consterné.

Cependant le pape continuait heureusement son voyage : au Mole de Gaëte, deux gentilshommes attendaient Sa Sainteté ; l'un était le cardinal Antonelli, l'autre le chevalier Arnau, secrétaire de l'ambassade espagnole ; ils ne pouvaient contenir leur joie à la vue du pontife sauvé, et le suivirent à la villa de Cicéron où il descendit. C'est de là qu'il écrivit au roi Ferdinand une lettre où il lui annonçait son arrivée dans les Etats de ce prince et son prochain départ pour Gaëte.

Le comte de Spaur se chargea de remettre le message au roi de Naples, et partit aussitôt.

Il emprunta la voiture légère et le passe-port du chevalier Arnau ; celui-ci, avec les papiers et sous le nom du ministre de Bavière, se chargea de conduire à Gaëte le pape et la comtesse.

Le comte partit vers deux heures et fit si grande diligence qu'à dix heures du soir il entrait à Naples ; introduit aussitôt auprès du roi, par le nonce, il remit à Ferdinand la lettre Pie IX ;

le roi, à cette lecture, fut si vivement frappé que les larmes jaillirent de ses yeux ; il pleura à la fois et de honte sur l'extrémité où la perfidie de sujets rebelles avait réduit le Vicaire du Christ, et de joie de voir son propre royaume devenu l'asile d'une si sainte infortune. Il courut à la chambre de la reine déjà couchée, de ses fils endormis, les réveilla, les fit lever. « Hâtons-nous, s'écriait-il. Le pape est à Gaëte ; c'est cette nuit qu'il faut partir pour nous jeter à ses pieds et lui témoigner notre joie. »

Il fit embarquer tout ce dont il pensait que le pape pût avoir besoin : ornements sacrés, ameublement, vaisselle d'or et d'argent furent portés à bord. Le roi ordonna aussi à cent grenadiers de sa garde de partir pour Gaëte, de façon à arriver avec lui, et à servir de garde d'honneur au Saint-Père.

Ces allées et venues des gens du palais, ces lumières qui passaient et repassaient derrière les fenêtres, ces mouvements de la garde royale, éveillèrent bientôt la curiosité, et les rues désertes à cette heure avancée se remplirent d'une foule en quête de nouvelles : aux abords du palais elle devint si pressée qu'on dut doubler les postes ; mille conjectures se firent, mais le grand secret ne transpira pas.

Cependant l'auguste pèlerin était arrivé à Gaëte. A la porte de la forteresse, sur la vue de leurs passe-ports, on leur recommanda de se présenter au plus tôt au commandant de la place.

Ils s'installèrent comme ils purent dans l'hôtel du Giardinetto, le seul de cette forteresse. Le pape eut une petite chambre ; le cardinal et le chevalier Arnau s'en partagèrent une autre ; enfin la famille de l'hôtelier céda pour la comtesse, le précepteur et l'enfant, deux cabinets qu'elle habitait. Les premiers arrangements terminés, le cardinal Antonelli se rendit avec le chevalier chez le commandant.

C'était le général Gross, homme énergique, d'une sévèr discipline. Quand la révolte de Sicile avait éclaté, il commandait le fort de Palerme, et plutôt que de se rendre aux insurgés, allait se faire sauter avec la garnison, quand un ordre exprès du roi l'avait rappelé à Naples. A son arrivée, le roi lui avait dit :

— Je ne suis pas content de vous.

A quoi il avait répondu.

— Ni moi de Votre Majesté, qui m'a enlevé un poste confié à ma fidélité. »

Tel était le caractère de l'homme devant lequel parurent nos deux voyageurs. Voyant sur le passeport : Comte de Spaur, ministre de Bavière, sa famille et sa suite, il leur adressa la parole en allemand. A cet idiôme inconnu, le cardinal et son compagnon de demeurer interdits, et de se regarder l'un l'autre. Enfin le chevalier Arnau répondit :

— Général, j'habite depuis longtemps Rome où l'on parle toujours italien ou français, et j'ai complétement oublié la langue allemande.

Cette défaite ne pouvait contenter un esprit sagace et expérimenté ; le général soupçonna qu'il n'avait devant les yeux ni ministre de Bavière, ni un attaché à cette légation.

Son premier mouvement fut de les faire arrêter tous deux comme espions. La pensée qu'ils étaient accompagnés d'une femme et d'un enfant, le fit surseoir à ce projet; il les congédia, fit planter deux sentinelles sur la place de leur hôtel, et, peu après, deux personnages attachés à la police se présentèrent comme des visiteurs.

Le pape se retira dans sa chambre; la comtesse et ses compagnons tinrent tête à l'interrogatoire, qui, sous forme de conversation, leur demandait mille détails sur Rome, sur l'état du pape, sur les excès révolutionnaires. Enfin les agents se retirèrent, s'excusant de la liberté qu'ils avaient prise, et n'ayant rien pu découvrir; ils se rendirent l'oreille basse chez le général, où les attendait une semonce pour leur peu de clairvoyance.

Le lendemain, sur le milieu du jour, la comtesse, accompagnée du chevalier Arnau, alla rendre visite au commandant; le pape était resté à l'hôtel avec don Sébastien; ils récitaient l'office. La comtesse raconta au général que son mari avait reçu à Mola une dépêche du pape destinée au roi Ferdinand; que pour la remettre plus vite, il était parti pour Naples, avec le passeport et la voiture du chevalier Arnau; d'où les quiproquos de la veille. Sur ces entrefaites une ordonnance paraît :

— Général, la sentinelle du rocher signale trois vapeurs venant de Naples.

Gross s'étonne, il était fort rare que des vaisseaux de ligne fissent relâche à Gaëte; il se retourne vers la comtesse et le chevalier, et leur demande s'ils savent quelque nouvelle de Naples ou de Rome, et ce que contenaient les dépêches du pape on lui répond que les dépêches étaient scellées, et qu'on ignore les événements de Naples ; qu'on arrive de Rome où le pape est aux prises avec les factions.

Peu après, second messager; il annonce que sur l'un des vaisseaux flotte le pavillon royal. La stupéfaction de Gross redouble ; tandis qu'il se perd en conjectures, un troisième estafette accourt tout essoufflé :

— Excellence, le roi entre dans le port.

Le général se lève.

— Pardon, dit-il aux visiteurs, mon devoir est d'aller au-devant du roi, et il les quitte.

Le cardinal et le chevalier le suivent au port ; le roi, déjà descendu de vaisseau, mettait pied sur le Môle. Le général accourt pour lui rendre les honneurs ; le roi, sans lui laisser le temps, lui dit :

— Où est le pape ?

— Le pape ? répète le commandant stupéfié, le pape, il n'est pas ici.

— Comment ! il n'est pas ici ? il y doit être.

Le cardinal Antonelli s'avance alors, et explique le mystère au souverain qui dit en riant au général :

Mon cher Gross, vous êtes un vigilant capitaine ! Comment ! le pape est dans votre forteresse, et vous ne vous en doutez même pas !

Cependant le roi avait fait prendre les devants à la reine et à ses enfants ; lui-même se dirigea vers le palais, fendant les flots de son peuple qui retardait sa marche. Le cardinal et le chevalier Arnau avaient gagné l'hôtel du Giardinetto ; le pape en sortit avec eux, et se dirigea aussi vers le palais ; il y arriva en même temps que le roi.

Ce fut alors un sublime spectacle. On vit le Souverain-Pontife, fuyant la fureur de ses fils les plus comblés, et trouvant l'asile d'une généreuse couronne ; un pieux monarque prosterné devant la majesté de son hôte, baignant de ses larmes, serrant de ses étreintes les pieds sacrés du Vicaire de Jésus-Christ, lui consacrant sans réserve sa personne, sa famille, son trône. La reine, à genoux avec ses fils sur la première marche du palais, renouvela au Saint-Père les hommages et les offres du prince son époux. Entré dans les appartements, le monarque ne put contenir les paroles que son cœur de fils et de roi envoyait à ses lèvres.

— « Saint Père, s'écria-t-il, restez à Gaëte, ne vous livrez pas aux hasards d'une navigation qui vous éloignerait d'Italie.

Ce serait une chose bien grave que de choisir une nation, d'exciter, par la préférence pour une, la jalousie de toutes les autres ; de les faire entrer dans une lutte dont le prix serait la gloire de posséder le chef de la chrétienté. Gaëte est une retraite sûre, voisine des États-Romains ; le climat est sain, la population fidèle, le fort imprenable : ses trois cents canons, toute mon armée, ma poitrine elle-même assurent votre défense.

« Restez; l'Italie, bénie par votre présence, verra luire des jours plus heureux; ce sera alors sa gloire d'avoir conservé son pontife, et le revoir, après une tempête si violente, assis aussi inébranlable et plus grand encore sur la chaire de Pierre, au Vatican. »

Ces considérations décidèrent le pape : il exprima au roi toute sa reconnaissance, et appela sur la tête de Ferdinand et sur sa famille toutes les bénédictions que Dieu doit aux protecteurs de l'Eglise. Le roi rayonnait de joie; il céda son palais au pape, et alla avec la reine habiter une autre résidence voisine; chaque jour la famille royale venait visiter Sa Sainteté et prendre ses repas avec Elle.

Bientôt les ambassadeurs et les ministres de toutes les cours chrétiennes accoururent autour du pape, et lui portèrent l'assurance du respect et de l'attachement de leurs souverains. Presque tous les cardinaux, échappés aux embûches des factieux, vinrent reformer autour du trône pontifical cette couronne de science, de vertu, de grandeur, qui augmentait encore son éclat; et l'univers s'étonnait de cette majesté qui, au milieu de l'infortune, de la pauvreté, de la faiblesse, et sur ce rocher même de l'exil, éclatait plus souveraine que jamais au front du chef de l'Eglise.

Ce spectacle formait un contraste lumineux avec les désordres et les excès des hommes qui avaient, à Rome, maudit, puis chassé leur bienfaiteur et leur père, et qui se promettaient, jetant à Dieu leur défi, de détruire le trône pontifical après l'avoir souillé.

Le départ du pape avait du reste fort troublé et quelque peu affaissé l'ardeur des démagogues. Ils tinrent à honneur de maintenir la paix dans Rome, et n'eurent pas grand chose à faire pour cela ; le peuple, sauf leurs créatures, n'avait pas cessé d'être calme ; son défaut fut de l'être trop, et de se laisser dominer dès l'abord par cette tourbe insolente, qu'il aurait pu, s'il fût sorti de son inertie, balayer d'un coup de vigueur.

Pendant ces premiers jours, les meneurs envoyèrent au pape des députations ; on ne les laissa pas franchir la frontière. Ils tentèrent par mille moyens de gagner le pape à leurs fausses promesses ; mais quand ils virent le pape résolu à ne se point livrer, ils changèrent de tactique. — Le chef de l'Eglise, se mirent-ils à dire, le père commun des fidèles est prisonnier d'un tyran ; ses actes, protestations, manifestes, tout ce qu'il avait accompli ou signé à Gaëte, contre les édits, lois et règlements des factieux de Rome, était radicalement nul ; y obéir était une trahison.

Ainsi, car la pente précipite les excès, ils tombèrent du *Gouvernement Provisoire* dans la *Constitution Romaine;* enfin ils roulèrent dans la république : la bouche de l'avocat consistorial Carlo Amellini la proclama en ces termes :

— Après la chute du pape, toute l'autorité, le domaine, la uridiction et le pouvoir temporel sur l'Etat Romain est passé au peuple : le peuple est devenu ainsi maître de lui-même, principe de toute autorité, essence de toute loi. La République a reconnu cette divinité du peuple ; c'est à lui qu'elle consacre la majesté de sa religion et les résultats de ses efforts ; c'est pour lui que les pères conscrits ont juré de verser tout leur sang,

XXXIV

LES ÉLECTIONS.

L'assassinat du comte Rossi, les manifestations sacriléges qui firent de son meurtrier un triomphateur, avaient plongé Bartolo dans une profonde tristesse. Il tomba du haut de ses espérances ; les événements ne les avaient jusque-là que démentis ; ces derniers crimes les brisaient sans retour. Il reconnut l'illusion de son libéralisme avec la sincérité d'un esprit auquel peut parfois manquer la justesse, jamais la candeur.

L'attaque du palais apostolique, la captivité du pape dans sa demeure, furent pour Bartolo le dernier coup : il mit ordre à ses affaires, et résolut de quitter Rome. — Le matin du 25 novembre, quand il apprit la fuite du pape, il remercia le ciel, et comme s'il n'eût attendu que son départ, le lendemain il sortait aussi de Rome avec sa fille et ses neveux, et se rendait à Arona, sur le lac Majeur.

Plusieurs mois se passèrent ainsi ; les nouvelles de Rome étaient toujours mauvaises : enfin le carnaval y amena la république.

Mimo reçut une lettre d'un de ses amis ; ce jeune homme racontait les incidents des élections qui avaient nommé les députés, et dont le ridicule égalait l'odieux.

Après avoir proclamé en mots interminables que l'ère prédite par les prophètes était arrivée, et que le peuple romain était enfin libre, les démagogues invitaient les citoyens à se réunir en comices et à désigner ceux qu'ils jugeaient dignes de représenter son indépendance et sa grandeur. Bientôt Rome fut inondée de charrettes, d'affiches, de colle et de pinceaux : façades des palais, murs des églises, tout disparaissait sous le déluge des listes électorales : les noms de tous les Romains des quatorze quartiers de Rome y furent inscrits, au grand plaisir de leurs propriétaires qui se voyaient imprimés partout.

Quand ces listes eurent été suffisamment exposées, on annonça le jour et l'heure où le grand vote allait s'accomplir.

Sterbini, ministre des travaux publics, avait acheté toute la populace. Des hommes de la campagne arrivèrent par centaines et reçurent comme un seul homme des bulletins *bien pe-*

sants ; les votes furent embrigadés, disciplinés ; imposés même à tous ceux qui, soldats, fonctionnaires, employés, relevaient par un traitement quelconque du trésor public.

Les douaniers, les gardes civiques couraient de toutes parts, à la recherche des électeurs : les maraichers, les brocanteurs, les marchands de poissons, les valets, l'écume du Ghetto, des places Navone et Montanara, étaient poussés à l'urne comme un troupeau. Et on lisait à tous les coins de rue que « le peu- » ple, conscient de sa dignité, mûr pour la régénération, et plein » de sagesse politique, allait, libre et glorieux, élire ses dépu- » tés. »

Il y parut : l'empressement était tel qu'on ne put arriver au nombre légal de votes. Mais les pères de la patrie ne se décourageaient pas pour si peu : on fit voter les mêmes individus dans plusieurs quartiers ; on inscrivit de nouvelles familles ; on inventa des citoyens imaginaires, on fit voter des morts ; et tout fut légal, puisqu'ils ne réclamèrent point.

On arriva de cette sorte au minimum fixé par la Constitution romaine, et les tribuns lancèrent d'une voix magnifique, du haut de la tribune, les noms des élus au peuple souverain. Parfois cependant les bulletins contrastaient avec le sérieux d'un peuple déjà mûr pour ses destinées. Un bulletin portait : « J'élis le pape Sixte-Quint, à condition qu'il vous incarcère. » — Un autre : « Je vote pour le diable votre grand-père. » — Un autre : « J'élis la corde pour vous pendre. » Et mille autres bouffonneries qui flagellaient, impitoyables et justes, les nouveaux tyrans de Rome.

« A cette lecture, les héros commencèrent à s'enrouer, et se levant de leurs chaises curules, ils annoncèrent gravement au peuple que « nombre de billets étant écrits avec une encre trop pâle, ou d'une façon illisible, ou chargés de ratures, on procèderait au dépouillement en particulier et qu'on en ferait connaître le résultat. » Ce résultat fut la nomination de tous les hommes des clubs, des coryphées du socialisme. »

La lettre se terminait ainsi :

« Voilà l'œuvre. On a fait jouer au peuple la facétie des élections qui ne lui plaisait guère. Ce n'est encore que niais ; mais les choses ne s'arrêteront pas là ; le dernier acte de cette comédie est le gouvernement rouge.

» Adieu, cher ami, embrasse Mimo et dis-lui que je vous tiendrai au courant des faits et gestes de l'indivisible, une et immortelle république.

» Tout à toi,

» ALDOBRANDO. »

A ces récits, Bartolo s'arrachait les cheveux, se frappait le front, et s'emportait contre lui-même de son aveuglement. Il n'eut pas de trêve qu'il n'eût mis les Alpes entre lui et les turpitudes de l'Italie.

On était alors à la fin de mars. Il se mit en route pour la Suisse, traversa le Simplon, séjourna quelques jours à Vevey, et se rendit enfin à Genève où il avait résolu de résider.

XXXV.

LE PRÉCIPICE

Sur les plus hautes cimes des âpres montagnes d'Unterwald, agile, rapide, audacieux, un homme, la carabine en main, la poudrière au côté, un poignard à la ceinture, semblait se rire des escarpements et des abîmes. Il avait aperçu une troupe de chamois bondir sur les rampes d'un glacier ; et pour tuer un de ces animaux, il se hissait, s'attachant aux crevasses, se retenant aux broussailles, s'aidant des aspérités, sur un rocher, en face duquel se trouvait le troupeau.

Accablé de fatigue, haletant, il parvient sur la cime du pic et regarde ; une partie des chamois broute la maigre verdure des hauteurs ; d'autres s'élancent en se jouant au milieu des précipices ; tandis qu'un d'eux, sur l'extrême pointe d'un roc, les jambes en arrêt, le dos replié, la tête haute, l'œil scructateur, veille immobile. L'homme ajuste, et lache la détente : la bête atteinte en plein corps roule dans une vallée profonde que surplombe le roc où s'est posté le chasseur. Mais quand celui-ci cherche de l'œil un chemin pour arriver jusqu'à sa proie, il voit tout à coup le roc qui le porte, usé, déchiqueté par le temps, s'effondrer lentement et glisser par débris dans l'abîme.

Sous ses pieds, le sol miné tombait en poussière ; tout autour, le roc à pic ; çà et là, quelques ronces qu'il avait déjà ébranlées en montant, et qui ne pouvaient le soutenir ; sous lui, au fond de la vallée, le sourd mugissement du torrent qui va s'engouffrer dans le lac de Waldstellen. A cette vue, le jeune chasseur sentit toutes les angoisses de la mort : pâle, abattu, les genoux tremblants, immobile sur le roc ébranlé, il n'osait ni regarder le ciel dont il n'attendait rien, ni contempler l'abîme dont il se sentait la proie.

Enfin, prenant quelque énergie, il ôta ses souliers, s'assit un pied affermi contre une touffe de broussailles, et se laissa descendre doucement ; plus bas était une saillie où il posa l'autre pied ; au-dessous encore une sorte de mousse avait crû ; avec la crosse de sa carabine, il la tassa, et son talon put s'y placer ; ainsi de place en place, de pierre en pierre, de branche en branche, il descendit les deux tiers du gouffre.

Enfin, il arriva par ce chemin dont chaque pas était une agonie, jusqu'à un gros arbre qui avait pris racine entre les crevasses d'un rocher; le tronc avait poussé horizontalement, puis, à une certaine distance, s'était redressé et élevait ses branches vers le ciel : le tout formait comme une selle naturelle où le jeune homme s'établit; il se crut sauvé. Mais les infiltrations à travers les veines de la pierre, les neiges, les gelées de l'hiver, avaient usé, ramolli, désorganisé le bloc de granit, et l'arbre presque déraciné ne pouvait supporter le poids qu'il avait reçu; il pencha vers l'abîme. Le malheureux, les bras enlacés autour du tronc, se sentit mourir, il ferma les yeux, s'évanouit; et quand l'arbre entraînant avec lui le rocher, fut tombé sourdement dans le fond du précipice, les flots du torrent ne roulèrent plus qu'un corps inanimé.

Cet infortuné était Aser.

Revenu depuis un mois des luttes désespérées de la Hongrie, il s'était retiré pour trouver quelque repos d'abord à Lucerne, puis à Schwitz et dans les cantons montagneux d'Unterwald.

Quand il avait quitté Pulkowa, où la population tenait pour l'empereur, il s'était rendu dans le pays des Madgyars, désireux de pénétrer, en le parcourant, les motifs qui avaient déterminé les magnats, les boyards, en un mot les chefs de la Hongrie, à rompre avec l'empire. Il reconnut bientôt que leur but était fort différent des programmes démocratiques que les sociétés secrètes répandaient en Europe. L'aristocratie hongroise, bien loin de combattre pour la liberté et l'égalité, ne versait son sang que pour ressusciter ses antiques priviléges.

Mazzini, qui haïssait dans l'Autriche le champion de l'ordre en Europe, l'auxiliaire des pouvoirs légitimes contre les rébellions, avait par mille moyens excité le soulèvement des magnats contre l'empire. Mais, outre qu'il avait compté sans l'habileté des généraux autrichens, la bravoure de leurs armées, la rapidité de leurs mouvements, et la couardise des troupes italiennes, il avait profondément méconnu le caractère et la noblesse de Hongrie. Il croyait ce pays peuplé d'une population indigène et nationale ; il s'imaginait que cette nation était avide d'institutions libres, de lois faites par elles : profondes erreurs. La Hongrie n'a de national que son aristocratie et quelques débris de la race hunnique et madgyare ; tout le reste est un flot étranger que la fertilité du sol, la situation du pays, la magnificence des magnats, l'activité du commerce ont attiré et retenu. La Hongrie est un composé de Serbes, de Suèves, de Dalmates, de Slaves, de Talaques, de Transylvains, de Bosniens, de Croates, de Grecs, de Russes, d'Allemands ; il y a là trop de différences dans le sang, dans les habitudes, dans les caractères, pour qu'il puisse s'établir une unité sérieuse dans des aspirations politiques. Aussi la guerre fut-elle l'œuvre de l'aristocratie seule ; et cette aristocratie ne secoua pas le joug de l'empire en faveur d'une liberté qu'elle n'aurait pas voulue et que la nation ne demandait pas. Son seul but fut de faire retomber sur le peuple la servitude du vasselage : la victoire des Hongrois forgeait leurs fers et replaçait sous la domination absolue des grands propriétaires les habitants des campagnes et les bourgeois des villes; leur défaite seule leur a conservé, sous le pouvoir de l'Autriche, la liberté dont la victoire les dépouillait.

Aser ne se trompa point aux projets des magnats, et il leur en sut mauvais gré : ce n'était pas là la liberté qu'il cherchait, il crut la trouver à Vienne dans la révolution qui venait d'y éclater.

Quand il arriva dans cette ville, les soldats de Jellachich ne campaient pas encore sous ses murs. Les académies de la grande Cour venaient d'instituer un pouvoir qui s'appelait *Gouvernement démocratique de Vienne*, et avait à sa tête les docteurs Tausenau, Chaisès, Franck, Schutte, Messenhauser, Jellinech et Eckail, hommes habiles, audacieux, diserts, mais turbulents, factieux et unissant dans un même mépris, l'humanité, les lois et Dieu.

Autour d'eux, une tourbe de rêveurs, romanciers, poètes, tragédiens, la cervelle gonflée de littérature germanique, prêchaient les doctrines les plus subversives que la jeunesse se chargeait de réaliser.

Aser alla partout, vit tout, et désespéra : l'amoncellement de ces tumultes, de ces cris, de ces efforts, ne l'abusa pas, et il prévit que la révolution de Vienne s'apaiserait et sous sa propre lassitude et sous la valeur des troupes impériales.

Tandis qu'il plaignait la jeunesse emportée par des excitations perfides, trompée par les manœuvres des sociétés secrètes, il apprit que l'armistice avait été violé, et que les étudiants avaient traitreusement assailli les premiers bataillons des troupes de Jellachich. Quelques instants après, un bruit sourd, que dominaient des cris confus, frappa son oreille; la foule accourt, il regarde et voit s'avancer un chariot portant le cadavre d'un jeune tirailleur de l'Académie. Une balle l'avait atteint à la poitrine; quelques conspirateurs, ses compagnons, l'avaient emporté à l'écart, lui avaient mutilé les pieds, les mains, le visage, avaient labouré sa poitrine de coups de poignards, et fait de ce cadavre un épouvantable et savant spectacle : puis ils l'avaient étalé aux yeux de la foule, et parcouraient la ville en criant : « Vengeance! voici comme les Croates de Jellachich traitent nos frères; voyez un martyr de la liberté de Vienne! » Et le peuple s'amassait; hommes, femmes enfants, puisaient dans ce spectacle menteur la haine des Impériaux; couraient, trompés, aux fortifications, et exhalaient leur fureur en combats sans merci contre les assiégeants. La calomnie produisait ainsi son œuvre, en multipliant les cadavres, en éternisant la guerre.

Cependant, après un combat acharné, les soldats vainqueurs et décimés entrèrent en maître dans la ville en ruines.

Aser en sortit, mais avec la conviction que l'œuvre des sociétés secrètes est une œuvre de mal. La guerre d'Italie avait ébranlé ses convictions de sectaire, celle de Hongrie les renversa. Il prit dès lors la résolution de rompre avec ses engagements passés et de ne plus servir la cause de la haine, de la destruction, de la mort. Il savait bien que ce changement pouvait lui coûter la vie, mais sa générosité en fit le sacrifice ; il se retira chez les Grisons.

De là il avait écrit à Mimo son projet de demeurer quelque temps au milieu des montagnes, et de s'y reposer. Il mandait à son ami de répondre à Lucerne et lui recommandait de quitter Rome.

La mère de Mimo reçut cette lettre après le départ de son fils; elle la fit parvenir à Genève, sous le couvert du banquier de Bartolo.

C'est peu de temps après, dans les premiers jours de mai, qu'Aser, chassant le chamois sur les montagnes d'Unterwald, tomba, comme nous l'avons vu, dans un précipice, et fut entraîné dans un torrent.

XXXVI.

LE PÈRE CORNELIO.

Quand Aser revint à lui, il se crut au fond de l'abîme, et par un mouvement instinctif, ses mains cherchèrent quelque objet auquel elles pussent se retenir; elles touchèrent une paroi lisse et froide. De ses yeux troubles et incertains, il crut apercevoir comme une voûte de pierre; au-dessus de sa tête et à sa droite, le roc s'étendait rugueux et sombre; à sa gauche, l'obscure profondeur du vide, par delà lequel, au milieu de rochers, perçaient quelques filets de lumière; plus loin encore, des masses de stalactites laissant apercevoir leurs bizarres élancements; enfin une étroite fente derrière laquelle on devinait l'espace, et qui laissait passer un rayon de soleil.

Aser reporta les yeux autour de lui : à ses pieds, dans un creux de rocher, une lampe de fer répandait une faible lueur. A sa lumière, Aser distingua avec surprise un vieillard assis sur un quartier de pierre; de longs cheveux blancs encadraient cette figure vénérable ; sa barbe descendait jusque sur sa poitrine ; son visage était pâle, mais expressif ; ses yeux limpides et calmes étaient fixés sur un livre, et ses lèvres remuaient en silence.

Aser, en proie à cette incertitude pleine de trouble qui accompagne toujours le retour de la vie, tenta de se soulever, mais il se sentit brisé de douleur et ne put que pousser un gémissement. A sa voix le vieillard se leva, s'approcha, lui prit affectueusement la main, et lui dit en allemand :

— Courage, mon fils.

— Qui êtes-vous, un ange de salut ? repartit Aser d'une voix faible. Qui vous envoie ? Suis-je mort ? Et alors comment vous vois-je ? Suis-je vivant ? mais quelles sont alors les douleurs qui me clouent dans ce tombeau ?

— Oui, vous vivez, mon fils ; et vous n'êtes pas dans un sépulcre, mais dans une grotte, ou plutôt dans le plus secret repli d'une immense caverne que renferme la montagne. Vous avez, il y a quatre heures, fait une chute non loin d'ici : au bruit, je suis sorti de cette retraite, j'ai vu l'arbre rouler, s'abîmer dans les flots ; au milieu de l'écume, il m'a semblé distinguer quelques lambeaux de vêtements ; je m'élançai, je pus saisir les branches du charme auquel vous restiez cramponné, attirer l'arbre et vous sauver : puis je vous pris sur mon dos, et je vous portai ici ; vous êtes dans l'asile où depuis longtemps je vis ignoré.

— Et je suis tombé de si haut sans me tuer !

— Vous avez raison de vous en étonner, mon fils; j'ai vu la hauteur d'où l'arbre s'est déraciné, et j'en ai frémi ; cependant vous n'avez qu'une contusion à la tête et des écorchures à la jambe et au bras : rendez-en grâce à la Providence.

Puis, tirant d'une anfractuosité une bouteille de vieux vin, il en versa un verre et le présenta au malade :

— Buvez, cela vous rendra des forces.

Et comme Aser ne pouvait se soutenir sur son bras mis à vif, le vieillard le souleva et le fit boire avec une douceur paternelle qui émut vivement le jeune Juif.

— Qui êtes-vous donc, demanda-t-il, mon sauveur? Pourquoi habitez-vous cette caverne?

— Mon enfant, je suis prêtre catholique et pasteur d'un village voisin. Dans la guerre du Sonderbund, je crus de mon devoir d'animer les montagnards d'Unterwald, d'Uri et de Schwytz à défendre, avec la liberté jurée par nos pères. la foi qui fut toujours le privilége et l'honneur de ces cantons. Dieu permit, qu'abandonnés de la confédération, délaissés des puissances catholiques, nous fussions écrasés. La cause de la religion vaincue, ses ministres devaient être exilés ; la réaction était naturelle, elle s'attaqua à moi, et je dus me cacher pour sauver ma tête. Les embûches ne m'ont pas arrêté, parce que toute la population était ma pieuse complice. Enfin un vieux montagnard, qui seul connaissait cette retraite dans les profondeurs de la caverne, m'a conduit ici.

J'y passe mes jours dans l'étude et la prière : la nuit, je sors, je vais visiter les malades et sanctifier leur agonie ; je bénis les mariages, je baptise les enfants ; le dimanche, je célèbre la messe dans quelque chaumière, en présence d'hommes sûrs. Chaque nuit, une jeune fille bravant les ténèbres, les précipices, les bêtes fauves, vient m'apporter des provisions pour le lendemain : ainsi se passe ma vie, et je puis servir encore ces âmes si simplement dévouées à leur pasteur. Allons, reposez-vous un peu.

Et le prêtre se remit au pied du lit, et continua ses prières.

Trois heures après, un coup de sifflet tira Aser de son assoupissement, et bientôt après, il vit entrer dans la grotte une jeune fille : elle portait sur sa tête un panier qu'elle déposa sur une sorte de table façonnée dans la pierre par la nature, puis elle s'agenouilla devant le vieillard, qui la bénit.

— Mon père, dit-elle, c'est cette nuit que vous célébrez la messe dans notre chalet.

— Oui, ma fille, j'irai ; mais dites à votre mère qu'elle prépare secrètement un lit dans sa maison ; je veux confier à ses soins un pauvre chasseur meurtri par une chute et que voici sur ma couche.

La jeune fille, Anetta, repartit.

Le vieillard enveloppa Aser dans son manteau, le prit entre ses bras, et après mille détours arriva à l'entrée de la caverne. Là, il déposa le blessé sur un rocher, se baissa, le glissa sur ses épaules, et descendit la montagne sous ce fardeau de la charité.

Cette course au milieu des ténèbres, la solitude, la voix du vent dans les sapins des montagnes, le grondement lointain des eaux, tout se réunissait pour frapper l'imagination. Aser se demandait s'il était bien sur les épaules d'un prêtre catholique, porté par cet homme chargé d'années, malgré tous les périls, dans une demeure catholique, où il allait trouver le même dévouement.

Enfin quelques lumières brillèrent, scintillantes, dans la nuit ; Anetta apparut, une lumière en main, et sur le seuil de la maison, une femme attendait : c'était la maîtresse du logis, Maddalena. Toutes deux guidèrent le prêtre jusqu'au lit, où il déposa doucement Aser. Puis le vieillard dit :

— Ma bonne Maddalena, souvenez-vous que ce malade est mon fils : je vous le recommande comme s'il était la personne de Jésus-Christ, ce Dieu qui nous compte comme fait à lui-même, ce que nous faisons aux autres en son nom.

Et se tournant vers Aser :

— Mon fils, la Maddalena vous tiendra lieu de mère.

Après ces mots, il passa dans une autre pièce, où se trouvait la famille : son chef, le vieux Guillaume, qui, malgré ses quatre-vingt-seize ans, était encore le guide de tous, vigoureux esprit, et fervent catholique, qui avait donné à ses principes le baptême des champs de bataille ; puis les petits-fils : Wolfgang, jeune homme de seize ans, l'espoir de la maison, Edouard, enfant de treize, Ildeburge, âgée de onze, et Gertrude, de sept.

Quand le père Cornelio entra, Guillaume disait la prière au milieu de ses petits enfants ; les deux vieillards causèrent quelques instants ensemble ; bientôt arrivèrent les montagnards avides d'assister au saint Sacrifice. Le prêtre se retira dans une chambre où un autel était préparé, confessa les assistants, puis revêtit les ornements sacerdotaux, et dans cette demeure écartée, sur une table commune, le grand acte du culte chrétien s'accomplit.

Avant de retourner à la caverne, le prêtre entra doucement dans la chambre d'Aser pour le voir et le bénir sans l'éveiller. Mais Aser ne dormait pas ; il porta la main du vieillard à ses lèvres, et le remercia du fond du cœur. Puis chacun se retira. Maddalena voulait rester auprès du malade, mais elle dut se rendre aux prières d'Aser et à sa promesse qu'il l'appellerait s'il avait besoin d'elle.

Quand après un sommeil agité, mais réparateur, Aser se réveilla, il faisait grand jour : le soleil éclairait sa chambre, dont il caressait les cloisons de sapin.

Des armes suspendues le long des parois attirèrent l'attention du jeune homme. Non loin de lui était une arbalette avec son rouet et ses flèches ; au-dessous on lisait : « Arbalette dont se servit Conrad, pour la liberté helvétique, à la bataille de Morgarten. » A côté il vit une hallebarde à faux, avec cette inscription : « Hallebarde de Volfgang, au combat de Sempach. » Sur deux supports d'acier était étendue, bien fourbie et sans tache, une épée à deux mains ; la légende disait : « Epée que mania Albert, à la bataille de Granson, contre Charles le Téméraire, oppresseur de la Suisse. » Plus loin pendait une pesante masse d'armes, au manche de fer, à la tête armée de pointes de fer. Elle avait encore la chaînette dont les guerriers se servaient pour la suspendre à leur bras, tandis qu'ils maniaient la lance ou l'épée. Sous l'arme était écrit : « Masse » d'Ulrick, à la bataille de Morat, où périt Charles le Téméraire. Ulrick et Albert, frères, furent bénis par le bienheureux Nicolas de Flue, dans sa retraite de Raufl. »

A l'autre mur, étaient attachés des coulevrines, fauconnaux, arquebuses et autres armes dont s'étaient servis les preux de la famille, aux seizième et dix-septième siècles, contre les huguenots d'Allemagne, de Flandre et de France. Aser vit aussi la carabine que le vieux Guillaume avait portée dans les guerres contre la République française, et lut ces mot : « Carabine de » Guillaume, aux batailles de Wolrau, de Richtenschyl, de » Kossnacht, d'Imensée, de Morgarten et d'Arth, pour l'indé» pendance helvétique, en avril et mai 1797. »

Enfin, sous une dernière arme était cette inscription : « Carabine de Rodolphe, tué à la bataille de Lucerne, mai 1845. »

Aser admirait cette valeur héroïque, servante fidèle de la même cause à travers les siècles ; il comparait l'influence exercée par le christianisme, et celle répandue par les sociétés secrètes, et il reconnaissait que ces dernières, sous prétexte de liberté, enfantaient la tyrannie ; que leur force est dans le mensonge, leur valeur dans la trahison.

En ce moment Maddalena entra, lui dit quelques bonnes paroles, lui fit un pansement qui le soulagea : — Si vous voulez, lui dit-elle en se retirant, je vous enverrai mes enfants ; ils vous tiendront compagnie et pourront réciter auprès de vous leur prière du matin.

Aser affirma que cette offre lui était fort agréable ; et bientôt Anetta entra avec ses frères et ses sœurs. Tout ce petit monde, d'abord effarouché, et n'osant presque lever les yeux, s'apprivoisa bien vite au sourire d'Aser. Anetta les fit mettre à genoux, joignit les mains de la petite Gertrude, et récita le Pater, l'Ave-Maria, le Credo, puis les actes de foi, d'espérance, et de charité.

Cette dévotion simple et profonde émut Aser ; il admirait l'esprit de Dieu soufflant sa pure influence dans les âmes virginales, et écartant d'elles les profanes passions, dessèchement du cœur et mort de la vertu.

La prière terminée, les enfants se pressèrent autour du malade, et lui firent mille questions ; la petite Gertrude, qui ne pouvait voir à sa guise, fit tant et si bien qu'elle se hissa sur une chaise, et se trouva ainsi tout près d'Aser avec lequel elle était déjà familière. Au milieu de ses ébats, voyant briller quelque chose sous la chemise du malade, elle y glissa sa main sans plus de façon, et en retira la médaille d'or qu'Aser portait à son cou.

A cette vue, ce furent des manifestations de joie sans fin ; elle montra l'image sainte à ses frères, à ses sœurs, la baisa et voulut que tous les siens en fissent autant.

L'instinct pieux de cette innocente créature toucha vivement

Aser, et lui-même mit de grand cœur ses lèvres sur la médaille que lui tendaient les petites mains de Gertrude.

Plusieurs jours se passèrent. Aser retrouvait les forces du corps, et puisait dans ce milieu chrétien celles de l'âme. La conviction sérieuse et raisonnée du vieux Guillaume, la douce piété des enfants le subjugaient et le charmaient à la fois.

Chaque soir après souper, Anetta montait avec Edouard et ses sœurs dans la chambre du malade ; et comme elle avait l'habitude de les instruire, à cette heure, de la doctrine chrétienne, elle continuait devant Aser, persuadée qu'elle lui faisait plaisir.

Aser écoutait les leçons de l'humble jeune fille ; ainsi se gravèrent dans son esprit ces mystères de la foi que d'instinct il jugea grands et dignes d'un Dieu : l'unité en trois personnes, l'incarnation du Verbe éternel, sa descente sur la terre, son abjection, sa pauvreté, ses labeurs attiraient le cœur et révoltaient la raison d'Aser ; il sentait qu'une lumière intérieure devait ouvrir à ces enfants des horizons à lui inconnus, et il enviait cette paix pour son âme fatiguée. Une lutte incessante le déchirait lui-même : attiré vers le bien, il était arrêté par la haine qu'il avait juré au Christ : las de ces combats, il soulevait parfois autour de lui toutes les ténèbres fangeuses de son passé, comme pour échapper à la lumière ; mais malgré lui la vérité perçait le voile, et faisait sentir à ce cœur rebelle l'ineffable douceur qu'il y a à s'appuyer sur le sein de Dieu.

XXXVII.

LE BAPTÊME.

Peu à peu Aser avait appris les vérités fondamentales du christianisme.

Un jour Anetta lut l'épître de saint Jean : Maddalena et les enfants étaient là, tous suspendus aux paroles de l'Apôtre, mains jointes, et recueillant la sainte doctrine comme si c'était la voix même de Dieu qui la leur proclamait.

Après avoir lu que « Jésus-Christ est la lumière, et que marcher avec lui est suivre la lumière, et que son sang efface tout péché, » Anetta arriva à ce passage :

« Mes fils, je vous écris ces choses pour que vous ne péchiez point ; mais si néanmoins l'un de vous avait péché, il a pour avocat devant Dieu le Père, Jésus-Christ dont la sainteté obtient miséricorde pour nos fautes. »

A ces mots, Aser pousse un gémissement profond; son corps tremble, ses cheveux se hérissent, la sueur perle à son front, il se débat sur son lit, en proie à une convulsion violente.

Maddalena essaie de le calmer, de le soulager, le malheureux ne peut que répondre :

« Appelez le père Cornelio ! Ah ! si le père Cornelio était « près de moi ! » et il retombe dans ces accès étranges que Maddalena cherche en vain à comprendre.

Elle remarqua seulement qu'au plus fort de ses crises, ses mains crispées cherchaient sa médaille ; qu'il la prenait sur son cœur et l'appuyait sur ses lèvres.

Dès que la nuit fut venue, Anetta partit pour la caverne et revint bientôt avec le père Cornelio.

A la vue du prêtre, Aser poussa un cri de joie, et comme hors de lui, il le serra contre sa poitrine, et s'écria :

— Père, le Christ a vaincu ! Oh ! mon Dieu, quelle lutte !

— Calmez-vous, mon fils, répondit le vieillard, en étanchant la sueur qui ruisselait du front du malade, calmez-vous, puis nous causerons. Que vous est-il arrivé?

— De grandes choses, mon bienfaiteur et mon père, je ne puis plus résister à la grâce qui m'entraîne, et l'esprit du mal qui ne veut point lâcher sa proie ne m'a point laissé de repos.

Il m'agite de remords, il m'épouvante de fantômes, il me menace, il m'oppresse, il m'étouffe. Mon père! je vous en conjure, ne m'abandonnez pas.

Puis il raconta en quelques mots au prêtre toute sa vie; il dit comment il s'était enrôlé dans la secte de *la Jeune-Europe*, comment il avait mis la main aux dernières révolutions de l'Italie et de l'Allemagne; comment Dieu lui avait dévoilé l'iniquité de but et de moyens qui faisait marcher les sociétés secrètes à l'anarchie du monde. Il protesta qu'il était depuis longtemps résolu à rompre avec elles; que sa bouche brûlait de maudire des serments dont elle s'était souillée, et qu'il consacrerait sa vie à déjouer les desseins sinistres des sectes qui déshonoraient, perdaient le monde.

Le confesseur de la foi leva vers le ciel sa tête blanchie; et des larmes coulaient sur ses joues pâles :

« Je vous rends grâce, s'écria-t-il, Seigneur mon Dieu, de m'avoir réservé un si grand bonheur! La solitude, l'horreur de la retraite où je vis enfermé, la colère des persécuteurs qui veulent ma mort, ne sont pas un prix trop cher pour la joie qui m'inonde. Seigneur, vous saviez que ma plus grande douleur était de ne pouvoir courir à la recherche des brebis perdues, et voici que vous m'envoyez au fond de mes rochers une âme à sauver!

Puis, voyant entre les mains d'Aser la médaille de la Vierge, il lui demanda comment il portait à son cou la Mère d'un Dieu qu'il avait jusque-là méconnu; et quand Aser lui eut parlé d'Alice, il admira plus que jamais les voies secrètes de la Providence, assez puissante pour ne pas mesurer souvent à la faiblesse des causes, la grandeur des résultats.

Enfin il partit, recommandant à Aser le repos, et lui promettant de revenir.

Dès lors, chaque jour amena de nouvelles forces au malade ; son âme grandissait aussi en vigueur. Le père Cornelio l'interrogea à fond sur la doctrine chrétienne, et l'instruction du jeune néophyte l'étonna : bientôt il crut l'instant arrivé de lui donner le sacrement qui fait chrétien. Aser tenait beaucoup à ce que la famille qui l'avait reçu ne se doutât pas qu'elle avait donné l'hospitalité à un Juif; le prêtre résolut d'accomplir le grand acte dans le plus grand secret.

Aucun habitant de la montagne ne connaissait la retraite du pasteur; une nuit, il prit à part deux anciens, et après avoir confié leur silence à leur honneur, il leur apprit le chemin de sa grotte et leur y donna rendez-vous pour le lendemain.

Quand Anetta vint, suivant sa coutume, lui apporter quelques vivres, il lui dit qu'Aser était désormais assez fort pour venir jusqu'à la grotte; que le soir suivant elle l'amenât, et que lui-même reconduirait le jeune homme vers le milieu de la nuit.

Ce point fixé, il prépara tout pour le baptême.

La nuit venue, Aser arriva à la grotte; le père Cornelio l'attendait; il congédia la bonne Anetta, et prenant la main du jeune homme, le guida jusqu'au fond de la grotte qui lui servait d'habitation.

Deux hommes s'y trouvaient, deux pasteurs à la physionomie grave et recueillie.

— Mes frères, leur dit le prêtre, voici un homme que la grâce va enfanter à la vie éternelle; il n'est pas encore baptisé, et sur les fonts sacrés c'est vous qui allez servir de parrains et de témoins. Implorons avant tout l'assistance divine.

Puis il revêtit les ornements sacerdotaux, et se tournant vers le catéchumène :

— Que demandez-vous à l'Église de Dieu ?

— La foi, répondit Aser.

— Que vous donnera cette foi ?

— La vie éternelle.

— Si vous voulez obtenir la vie éternelle, observez les commandements : aimez le Seigneur votre Dieu de tout votre esprit, de tout votre cœur, et votre prochain comme vous-même.

Il souffla ensuite trois fois sur le visage du néophyte en disant :

— Sors, esprit immonde, laisse la place à l'Esprit-Saint.

Les signes de croix furent faits sur le front et sur la poitrine, et accompagnés des paroles sacramentelles :

« Recevez le signe de la croix sur votre front et dans votre cœur, suivez ses enseignements et soyez toujours le temple de Dieu. »

Le prêtre ajouta ici les *serments des adultes*, imposa les mains au néophyte, bénit le sel, et en mettant quelques grains sur ses lèvres, il dit :

— Cornelio, Aser, Maria, recevez le sel de la sagesse, qu'il soit le gage de votre salut.

Amen. La paix soit avec vous.

Puis il fit les exorcismes au démon ;

— Je t'exorcise, esprit immonde, au nom du Père, du Fils et du Saint-Esprit, fuis loin de ce serviteur de Dieu.

Et faisant sur Aser le signe de la croix, il lança cette menace à l'esprit du mal :

— Que le signe de la croix sur cette homme le rende toujours inviolable à tes embûches !

Il se tourna alors vers le catéchumène :

— Cornelio, Aser, Maria, renoncez-vous à Satan et à ses œuvres ?

— J'y renonce, s'écria le jeune homme.

Et saisi d'une pieuse colère, il ajouta :

— Et je renonce aux diaboliques liens des sociétés secrètes, à leurs projets maudits, à leurs actes odieux ; je rétracte j'abjure, je foule aux pieds les serments sacriléges que j'ai tant de fois prononcés dans les conseils des méchants.

A ces mots, les deux montagnards demeurèrent attérés, et se regardèrent, tremblants ; mais le prêtre élevant la voix, continua :

— Croyez-vous en Dieu le Père tout-puissant, créateur du ciel et de la terre ?

J'y crois.

— Croyez-vous en Jésus-Christ, son Fils unique, Notre-Seigneur, qui est né et mort pour nous?

— J'y crois.

— Croyez-vous au Saint-Esprit, à la Sainte-Eglise Catholique, à la Rémission des péchés, à la Résurrection de la chair et à la vie éternelle?

— J'y crois.

— Voulez-vous être baptisé ?

— Je le veux.

Le prêtre versa alors sur le front d'Aser l'eau sacramentelle : puis il l'embrassa, et versant des larmes, il l'inscrivit sur les livres des baptisés et fit signer les témoins.

Tous sortirent ensuite de la caverne. Le père Cornelio prit congé des deux montagnards en les bénissant, et gagna avec Aser la maison de Maddalena. Celle-ci et sa fille Anetta avaient voulu attendre le retour de leur pasteur et de leur hôte : elles furent frappées de la joie qui éclatait sur ces deux visages : les yeux d'Aser surtout lançaient comme des rayons. Le père Cornelio dit à Anetta :

— Ma chère enfant, préparez pour demain l'autel, je viendrai dire la messe, et je vous donnerai la communion ; c'est la clôture du mois de Marie, et cette divine nourriture sera un remerciement à la Mère de Dieu, qui a guéri Aser, et votre récompense à vous qui l'avez reçu et soigné : votre hôte vous quittera ensuite.

A la nouvelle de ce départ, les deux femmes fondirent en larmes, et prièrent d'une façon si touchante Aser de ne point les quitter si brusquement, qu'il promit, très-ému lui-même, de rester deux jours encore.

La nuit suivante, il communia à la messe du père Cornelio, et son émotion fut si vive que ses larmes coulaient en abondance, et attendrissaient tous les assistants. Anetta avait préparé un lit pour le père Cornelio ; elle le pria de demeurer le reste de la nuit et le jour suivant avec eux ; ses frères veilleraient au-dehors, et la Madone mieux qu'eux tous. Le prêtre accepta ; il éprouvait le besoin de passer quelques heures encore avec Aser, qui allait sitôt partir. Quand tout le monde se fut retiré, il s'entretint longuement avec cet enfant de sa tendresse, il lui donna des conseils.

— Mon père, lui dit le jeune homme au milieu de leurs épanchements, j'ai trop vécu au sein des sociétés secrètes, pour ignorer que la mort attend ceux qui les abandonnent. Je connais des faits effrayants, des assassinats sans pitié commis sur des jeunes gens qui avaient cru trouver pour quelque secret hostile à la secte, un refuge sacré dans le cœur d'un ami : partout le poignard d'un sicaire veille et frappe au moment le plus imprévu. Un initié, vu avec un prêtre éminent, fut jugé par cela seul coupable de haute trahison ; un autre jeune homme de ma connaissance, qui, bien que d'un rang élevé dans la *Jeune-Italie*, n'avait pas abjuré la loyauté et ne craignait pas d'offrir le bras à un de ses amis, vieillard de quatre-vingts ans, archiprêtre d'une cathédrale, tomba un soir qu'il rentrait seul chez lui, sous la balle d'un assassin. Moi, qui pour mon malheur ai rempli dans la secte certaines fonctions considérables, et qui me trouve initié à ses plus secrets mystères, j'aurai plus de peine qu'un autre à éviter ce sort.

— Mais qui saura jamais..

— Ah ! mon père ! vous ne les connaissez pas : pour eux, pas de mystères ; mon départ précipité de Hongrie, mon arrivée dans les cantons du Sonderbund, n'ont pu leur échapper : au moment où je parle, ils sont peut-être sur ma piste.

— Mon fils, confiance en Dieu ! ne faites pas votre vie plus précieuse que vous-même, et ne craignez pas ceux qui peuvent tuer votre corps, mais ne sauraient souiller votre âme. Soyez toujours prêt ; offrez chaque matin votre vie au Seigneur et vivez tranquille.

— Non, je ne crains pas, je m'estimerais heureux d'encourir les vengeances de la secte : j'ai résolu de vivre loyalement en chrétien : advienne que pourra ! Mon père, je me recommande à vos prières, je vous remercie de m'avoir sauvé la vie, et surtout je vous serai éternellement reconnaissant d'avoir sauvé mon âme ; Dieu seul peut vous récompenser pour un tel service, et il le fera.

Le saint vieillard se jeta au cou d'Aser, le bénit et se retira pour prendre un peu de repos. Le lendemain soir, après une journée d'entretien avec Aser, il sentit que son cœur faiblissait de tendresse pour ce jeune homme; et pour vaincre son cœur, il partit presque fuyant, et reprit le chemin de sa caverne.

La douleur de toute la famille qui avait accueilli Aser ne fut pas moins vive à son départ; les caresses des enfants, les larmes des femmes, les bénédictions du vieux Guillaume l'accompagnèrent : il promit de revenir les voir de Switt où il allait. Là il trouva plusieurs lettres qui lui avaient été adressées de Lucerne, entre autres une où Mimo lui annonçait l'arrivée de Bartolo, d'Alice et de lui-même à Genève. Le cœur d'Aser battit de joie; il répondit immédiatement à son ami, lui racontant sa chute, son salut miraculeux; il lui annonçait sa visite pour la fin de juin, et le priait de vouloir bien remettre à Alice avec ses humbles hommages un billet inclus dans la lettre.

Ce billet, qu'Alice demanda à son père la permission d'ouvrir, contenait les lignes suivantes :

« Mademoiselle,

« Vous serez sans doute fort étonnée que je me permette de vous écrire ; mais j'éprouve le besoin de vous exprimer toute ma reconnaissance, et mon silence me pèse comme une ingratitude.

« Lorsque j'ai eu le bonheur de préserver votre vie sur le forum de Trajan, vous m'avez donné une médaille d'or qui depuis ne m'a pas quittée. Cette image de Marie m'a sauvé de mille dangers, et je lui dois aujourd'hui plus encore.

» Me pardonnerez-vous, mademoiselle, si je vous avoue que j'étais Juif de naissance, et de plus, impie ? Laissez-moi vous dire que, grâce à la miséricorde divine, et grâce à la Vierge dont vous m'avez donné l'image, je suis repentant et chrétien !

« Recueillez le fruit que vous avez semé, nourri de vos prières, fortifié de vos bonnes œuvres ; car, si j'en crois mon cœur, ma conversion vous doit beaucoup. Que Dieu vous rende au centuple le bien que vous avez fait.

« Ne m'oubliez pas auprès de monsieur votre père que j'aurai, je pense, l'honneur de voir bientôt, et veuillez me croire.

« Votre reconnaissant et très-respectueux,

« Aser. »

XXXVIII.

LA DERNIÈRE CARESSE DES SOCIÉTÉS SECRÈTES.

Après avoir réglé quelques affaires à Schwytz, Aser alla visiter le sanctuaire de Notre-Dame des Ermites et y fit célébrer une messe en actions de grâces de son retour à Dieu ; il reçut le corps du Seigneur avec la foi non encore amoindrie de son baptême et y puisa une douceur et une consolation singulières; il se sentait comme revêtu d'une force et d'une grandeur toutes divines. Comme il sortait de l'église, une veille mendiante s'approcha de lui et lui demanda l'aumône au nom de de la Vierge; Aser lui mit un écu dans la main :

La mendiante leva sur lui des yeux perçants et lui dit d'une voix assurée :

— Courage, monsieur, ne faiblissez pas : le Christ vous attend : que le dernier battement de votre cœur soit pour lui!

Et elle s'éloigna d'un pas rapide, rentra dans l'église, et alla s'agenouiller devant la Madone à la place qu'elle avait quittée.

Aser fut frappé de cette physionomie intelligente, de ces paroles mystérieuses ; il demanda à une femme qui se trouvait là le nom de la pauvre vieille avec laquelle il venait de parler.

— C'est, fut-il répondu, la vieille Valburge, qui depuis trente ans passe sa vie devant l'autel de la Madone ; elle ne sort qu'à la nuit quand les portes se ferment ; elle distribue aux pauvres toutes les aumônes qui lui sont faites ; pour elle, elle vit de pain et d'eau, et dort dans une étable ; c'est une sainte : l'Esprit de Dieu a révélé par sa bouche aux Cantons des forêts toutes les iniquités et les sacriléges du radicalisme. Elle les a maintes fois prédits au père Cornelio d'Alpnach, qui, à plusieurs reprises, vint la consulter ; et, chose singulière, aujourd'hui ce saint prêtre a disparu, les radicaux le cherchent pour le faire périr, et Valburge a déclaré de la façon la plus formelle qu'ils ne toucheraient pas un cheveu de sa tête.

Ces détails augmentèrent aux yeux du jeune homme l'importance des paroles qu'avait prononcées la vieille femme, et il rentra dans l'église pour lui demander une explication : il l'aperçut dans un angle de l'édifice, les yeux fixés sur la sainte image, le visage comme inspiré, et l'esprit étranger à tout ce qui se passait autour d'elle. Il l'appela à demi voix : Valburge, Valburge. Elle ne répondit pas.

L'exquise délicatesse d'Aser l'empêcha de troubler cette

extase ; après une prière où il s'offrit de nouveau et se consacra à la Vierge, il se retira.

Peu de jours après, il se mit en route pour rejoindre Mimo et Lando ; il leur avait écrit qu'avant d'aller à Genève, il séjournerait quelques jours à Vevey pour mettre ordre à certaines affaires. Il s'arrêta d'abord à Lausanne, et descendit à l'hôtel Gibon ; son projet était de repartir le lendemain pour Vevez. Comme il arrivait, la cloche sonna le dîner, et il se rendit à la table d'hôte. Il y était à peine assis, qu'un jeune homme vint se placer à sa droite : Aser reconnut un de ses anciens amis de Dresde et de Berlin.

— Comment! Caius Mucius, toi ici?

L'autre se retourne, d'un air du plus profond étonnement.

— Mais c'est Aser ! je te croyais en Hongrie.

— Tu sais bien que je n'ai pas de poste fixe, je vais un peu partout.

— Oui, nous connaissons le plus habile et le plus actif de nos agents.

Et ils se mirent à dîner de fort bon appétit.

En jetant les yeux autour de lui, sur la foule des convives, Aser crut apercevoir à un bout de la table un visage qui ne lui était pas inconnu ; il se pencha vers Caius Mucius et lui dit :

— Regarde donc à gauche ; le huitième convive ne serait-il pas notre ami Appius Manilius ?

— Ma foi, si, s'écria Mucius ; que diable vient-il faire ici ?

C'est bien lui-même, avec sa barbe inculte et son regard tragique. Il semble toujours méditer quelque poésie lugubre ; quel original !

En se levant de table, Mucius et Aser vinrent frapper sur l'épaule de Manilius qui, à leur aspect, déclara tomber des nues et leur demanda d'où ils arrivaient.

— Du septième ciel, répondirent les amis.

— Comment va Belzébuth, mes anges? Voyons, donnez-moi un cigare et allons le fumer au frais.

Les trois hommes allèrent s'asseoir sous un kiosque, dans le jardin de l'hôtel.

— Comment ! dit Aser à Mucius, tu n'es pas à côté de Mazzini, à Rome?

— Non. J'ai assez de cet homme qui a la démocratie sur la langue et le despotisme dans le cœur. Son visage même trahit ses aspirations, et à voir ce port grave et majestueux, ce regard froid et fixe, cette démarche souveraine, il semble reconnaître un Napoléon romain, et Mazzini se croit même davantage. N'a-t-il pas coutume de dire à ses familiers : Napoléon n'est arrivé au pouvoir que sur des flots de sang ; son cortége est Arcole, Rivoli, Marengo ; moi, j'ai été appelé au faîte de l'Etat par les acclamations nationales, j'ai été nommé au Capitole premier citoyen de Rome, et triumvir comme Charlemagne avait été créé patrice, par le vœu du peuple.

— Une couronne n'irait pas mal à sa tête.

— C'est bien son avis ; il habite les salons qui semblentcontenir encore les grandes ombres des papes, et ne s'y trouve pas trop petit; toujours libéral en paroles, mais renégat dans l'âme; et quand on encense sa modestie, quand on semble deviner sous le nom du triumvir, *le roi de Rome*, Mazzini porte la main à son front comme pour y toucher le diadème, et dans les plis de son sourire j'ai lu l'arrêt de mort de la liberté.

Aussi je vais à Berlin raconter au comté ce que j'ai vu, lui dire qu'à Rome l'égalité et l'indépendace ne sont que misères, abus, tyrannie, sang.

— Qu'y a-t-il là d'étonnant? repartit Aser : nos chefs sont tous les mêmes : apôtres de la liberté, qu'ils sequestrent dès qu'on la leur a obtenue.

— Tu as raison, s'écria Manilius, qui jusque-là avait fumé son cigare en silence; nos chefs, comme tu le dis, Aser, sont tous les mêmes, pillards, assassins. Vous êtes mes plus intimes amis, et je puis parler devant vous à cœur ouvert.

Puis, jetant autour de lui un regard, il ajouta à voix basse :

— Croiriez-vous que le comité de Wurtemberg m'avait donné ordre de tuer Publius Valerius, l'un des plus fermes soutiens de la liberté allemande? S'il y avait eu à ce meurtre des motifs légitimes, je l'aurais accompli pour obéir à mon serment; mais l'arrêt n'était pas mérité.

— Que pouvait-on reprocher à cet ardent conjuré? N'est-ce pas lui qui alla jusqu'à Astrakan pour immoler un traître, Caius Calpurnius? n'est-ce pas lui qui, en pleine place de Dantzik, tua d'un coup de pistolet Veturius, parce que ce dernier avait fait dire à son beau-frère de se soustraire à la vengeance du comité?

— Si, mes amis; mais ses services, ceux mêmes de son père et de son aïeul, premiers disciples de Weishaupt furent oubliés. Valerius était, vous le savez, de noble maison, mais fort pauvre, son père ayant versé tout son patrimoine dans les caisses de la secte. Pour relever sa fortune, il résolut de se marier. On lui proposa une jeune fille pourvue d'une fort belle dot, et de plus héritière d'un magnifique domaine et de sommes considérables dans les banques hanséatiques : mais comme elle professait le catholicisme, elle exigeait que Valerius s'engageât à élever leurs enfants mâles dans cette religion.

— Bah! interrompit Mucius, pourvu que les domaines et l'argent aillent à Valerius, qu'importe que la femme et les fils aillent à la messe?

— Cela importe si bien à nos paladins de la liberté que, dans le comité, ce fait a pris toute la couleur d'une haute trahison : « Vous verrez, s'écriaient-ils, que vaincu par les momeries de sa femme, ce canard se fera chrétien, baisera crucifix et médailles, ouvrira sa maison à la meute des prêtres, et songera à nous quitter! A mort le traître. » La chose fut résolue, le sort interrogé, et c'est moi qu'il désigna pour exécuter la sentence. En vain essayai-je d'excuser Valerius, en vain démontrai-je qu'il n'y avait là seulement qu'une question d'argent ; que la foi de l'homme nous était assurée ; en vain offris-je ma tête comme garatie de ses serments, en vain rappelai-je la mort de

Calpurnius pour suivi jusqu'à Astrakan par Valerius, et voulus-je amnistier l'accusé par le souvenir de ce service, on me répondit que j'étais l'exécuteur d'une sentence et non l'avocat d'un criminel.

Cependant Valerius avait voyagé en Italie avec sa jeune femme; on apprit qu'il s'était rendu avec elle à Naples, puis à Gaëte. Cette nouvelle le perdit complément :

« Plus de doute, dit le comité ; il nous a dénoncés au roi, il a baisé la mule du pape, il a conjuré notre perte avec les cardinaux ; Manilius, il faut qu'il meure, hâte-toi. »

Valerius était de retour, dans un somptueux château de sa femme, où il comptait passer le printemps ; mais peu de jours après son arrivée, il suivit une chasse au cerf avec tant d'ardeur qu'une fluxion de poitrine se déclara. Je pris cette maladie pour prétexte et j'accourus ; je fus rccueilli de la façon la plus charmante par sa femme, la plus distinguée, la plus vertueuse qu'on puisse voir : et là je passai quelques jours auprès du lit de Valerius. Mais apprenant que son mal était grave, les chefs du comité vinrent aussi au château et se succédèrent comme des sentinelles dans la chambre du malheureux, pour ne pas laisser parvenir jusqu'à lui la parole d'un prêtre, pas même l'influence de sa femme.

Un jour que, dans une pièce voisine, je lisais les Puritains de Walter Scott, j'entendis la voix de la comtesse Alexandre : je prêtai l'oreille ; elle causait avec un chapelain, don Norbert, et se plaignait que les amis et le médecin de son mari ne le laissaient jamais seul, qu'elle ne pouvait lui parler des choses de l'âme ; qu'aux premiers mots quelqu'un était toujours là pour lui imposer silence, lui représenter la gravité du mal, et la nécessité du repos pour le malade.

« Révérend Norbert, ajouta-t-elle, je fais ce que je puis ; mais c'est une grande douleur pour moi de ne pas pouvoir davantage. J'ai mis sous son oreiller une médaille de l'Immaculée Conception ; j'ai des reliques sur moi, et sous prétexte d'arranger son lit, ou de le soigner, je cherche à les lui faire toucher ; surtout celles de la sainte Croix et de l'apôtre saint Paul son patron. Ah ! si j'obtenais la grâce de sa conversion ! Savez-vous quelle ruse j'emploie pour lui apporter de l'eau bénite sans que personne et surtout lui s'en doute ?

» Avant d'aller dans sa chambre, j'entre dans ma chapelle, je mets de l'eau sainte sur mes lèvres, puis je cours le baiser sur le front. Cela met en fuite les mauvais esprits. Ah ! si je pouvais chasser de même les faux amis ! Mais j'espère, j'espère !

— Quelle femme angélique ! s'écria Aser emporté par son enthousiasme. Qui ne serait ému d'une pareille foi ?

— J'avoue ma faiblesse, reprit Manilius, les larmes me montèrent aux yeux et je jurai, dussé-je périr moi-même, de ne pas tuer mon ami. Bientôt la fièvre diminua, la maladie fut vaincue; quand vint la convalescence, médecins et amis prirent congé, et je restai seul. Bientôt la guérison fut complète ; un jour je dis à Valérius :

— Va en France, ici l'air n'est pas bon pour toi.

» Il comprit, et il est actuellement à Paris où je compte le rejoindre dans quelques jours et le mettre à l'abri des embûches. »

Après avoir longtemps encore prolongé leur causerie, les trois hommes se retirèrent chacun dans leur chambre : il se trouvait que Vevey était le lieu où tous trois voulaient se rendre, et ils convinrent de faire ensemble le voyage.

Le lendemain matin, ils prenaient le bateau à vapeur pour Vevey.

Durant le voyage, Mucius dit :

— J'ai grande envie d'aller voir la belle cascade de *Pissevasce*, où les héros de la Jeune-Suisse furent si bien battus par les montagnards du Haut-Valais.

— Moi aussi, s'écria Manilius ; et toi, Aser, n'aimes-tu pas ces magnificences de la nature ?

— Si, répondit le jeune homme, je suis des vôtres.

Ils arrivèrent ainsi à Vevey, et descendirent à l'hôtel des Trois-Couronnes.

Aser alla tout d'abord demander à la poste s'il y avait des lettres pour lui ; il en trouva une de Lando et une de Mimo, et dans cette dernière un billet d'Alice. Les deux premières contenaient de chaudes félicitations ; mais celle de la jeune fille était la plus désirée ; quand il la prit, sa main tremblait ; il la contempla quelques instants sans l'ouvrir, et enfin lut ce qui suit :

« Monsieur,

« Je ne pourrais vous exprimer la joie qui a inondé mon

âme, quand j'ai appris votre conversion à l'Église de Jésus-Christ. J'ignorais que vous fussiez Juif; la seule chose que je connusse de vous, c'est que je vous dois la vie. Aujourd'hui que vous êtes avec moi de la famille chrétienne, que la même foi, la même espérance, la même charité habite nos âmes, ma gratitude est devenue une tendresse de sœur.

» Ah! monsieur, vous avez raison d'aimer Dieu : vous trouverez en lui la force contre le mal, la constance dans les épreuves, la douceur même de l'immolation. Vous avez jusqu'ici souffert bien des fatigues, bravé bien des périls, vaincu bien des obstacles, et tout cela pour une liberté qui n'est que servitude; vous ne désapprendrez pas, j'en ai la certitude, cette science des combats et des sacrifices, pour une vraie liberté et un éternel triomphe.

» Tels sont les vœux que depuis longtemps je n'avais cessé de faire pour vous; Dieu m'a exaucée et je le bénis.

» Mon père sera heureux de vous voir : quand vous viendrez à Genève, nous comptons que vous vous joindrez à nous, non comme un étranger, mais comme un frère bien cher et impatiemment attendu.

» Alice. »

A cette lettre, la joie d'Aser déborda; il la lut, la relut, et la relut encore; il en méditait délicieusement les expressions, il en récitait par cœur les passages. Ce mot : « Vous êtes mon frère, » faisait bondir son cœur. Quelle femme! s'écriait-il. Aimez Dieu, me dit-elle. Ah! faites, Seigneur, que je vous aime à vous sacrifier mille vies si je les avais! Cette existence employée tant de fois aux œuvres de l'iniquité, accordez-moi de la mortifier, de la régénérer, d'en faire une arme contre les succès du mal.

Vers le soir, ses amis le rejoignirent.

— Eh bien! allons-nous demain à *Pissevasce*?

— Comme vous voudrez, répondit Aser.

Le lendemain se leva magnifique : une barque conduite par quatre rameurs transporta les voyageurs jusqu'à Villeneuve. Là, Mucius alla à la recherche d'une voiture; bientôt ils y montèrent, et partirent pour la cascade.

Ils dépassèrent, au trot de deux vigoureux chevaux, les belles campagnes d'Aigle et de Bex : à Saint-Maurice, Aser dit à ses compagnons :

— Descendons, je vous prie; ici est une ancienne église où est enseveli le chef de la Légion thébaine; je serais heureux de la visiter : on vante son architecture.

— Nous tenons peu à ces vieilleries : va, nous t'attendons.

Aser se dirigea vers l'église, adora le Saint-Sacrement, et arrivé devant la chapelle du saint, s'agenouilla et fit cette prière :

« Héros du Christ, qui, pour ne pas renier votre foi, avez subi le martyre avec tous vos compagnons, donnez du ciel votre protection à l'humble et nouveau soldat de Dieu, qui vous prie; faites que je meure avant que de lui être infidèle. »

Puis il alla rejoindre ses amis.

Vingt minutes après, comme la voiture arrivait à un chemin qui conduisait à une ferme sur les bords du Rhône, Manilius ouvrit la portière et cria au cocher d'arrêter. Lui et Mucius descendirent.

— Nous allons à la ferme, dirent-ils au cocher, continuez votre route et conduisez notre troisième compagnon jusqu'à la cascade; quand il l'aura vue, vous tournerez bride et reviendrez ici où nous remonterons : allez bon train, nous n'avons qu'un bonjour à dire.

— Bien, répondit le conducteur.

Manilius ferma la portière, et la voiture partit.

Bientôt l'on entendit le grondement d'une chute; bientôt on put voir ce nuage d'écume que soulève l'eau en se brisant contre les rochers, et ces merveilleuses couleurs dont le soleil revêt en se jouant la poussière des flots. Enfin la voiture passa sur un pont et s'arrêta devant l'immense masse d'eau; le cocher cria au voyageur :

— Monsieur, nous sommes arrivés.

Et comme il ne recevait pas de réponse.

— Diable, s'écria-t-il, quel dormeur!

Puis il descendit, ouvrit la portière et vit un jeune homme, la casquette rabattue sur le visage, et le bas de la figure enseveli dans ses vêtements.

— Réveillez-vous, monsieur.

Rien.

Le conducteur enjamba le marche-pied, souleva la coiffure du voyageur.

— O mon Dieu ! il est mort.

C'était le malheureux Aser, si l'on peut appeler malheureux le néophyte que la mort surprend dans le premier éclat de la foi, et dans la première innocence du baptême.

L'œil pénétrant de la secte avait senti que son influence ne régnait plus dans cet homme ; elle l'avait vu partir de Hongrie, où sa mission était de demeurer et d'observer, elle avait connu sa fuite dans les petits cantons, l'avait suivi à Lucerne, à Swit, l'avait vu fréquenter les églises, se lier avec des amis nouveaux. Dès lors sa perte fut résolue, et Mucius et Manilius chargés de le tuer.

Les deux sicaires (comme on le sut plus tard par la police de Paris) avaient fait semblant de dormir, pour qu'Aser se laissât aller au sommeil. Le moyen réussit : un des assassins était assis en face d'Aser ; il le frappa au cœur, tandis que l'autre, placé à côté de la victime, lui serrait un mouchoir sur la bouche et lui maintenait la tête dans l'angle de la voiture.

Quand il fut bien mort, ils placèrent le cadavre dans la position la plus naturelle qu'ils purent, et firent arrêter. Près de la ferme, dans un bouquet de bois, deux chevaux sellés attendaient, ils les enfourchèrent et gagnèrent le Chablais par les montagnes. De là ils se rendirent en Savoie, et, par Grenoble, à Paris.

Le jour qui précéda le meurtre, Bartolo avait proposé une course à Vevey à la rencontre d'Aser, et la proposition avait été adoptée avec enthousiasme. Séance tenante on était parti pour Villeneuve, et l'on avait été coucher à Saint-Maurice.

Le lendemain matin, Mimo avait proposé, en attendant le bateau qui mène de Villeneuve à Vevey, de visiter la cascade de Pissevasce.

Comme ils s'y rendaient, ils aperçoivent une voiture arrêtée au milieu de la route.

— Ils approchent; tout à coup le cocher de cet équipage accourt à eux, les mains crispées, le visage contracté par la terreur :

— Au secours... ! un voyageur est assassiné.

Mimo et Lando s'élancent, et au premier coup d'œil reconnaissent Aser ; ils touchent leur ami au front, aux mains, espérant que c'est un évanouissement passager ; ouvrent les vêtements, déchirent sa chemise ; la poitrine était percée de neuf coups d'une arme effilée ; de chaque blessure il n'y avait qu'une goutte de sang caillé. Le cœur était chaud encore, mais ne battait plus.

Alice et son père arrivaient. La jeune fille reconnut la médaille qu'elle avait donnée à Aser ; à la vue du cadavre, elle tomba inanimée dans les bras de son père (1).

(1) Cet événement est historique, presque dans ses moindres détails ; quel témoignage de la perfidie des sociétés secrètes ! et combien, en mettant à part l'injure faite à Dieu, les jeunes gens devraient redouter cet esclavage dont on ne se libère plus ! Babette qui suivit Cestio de ville en ville ; Valerius qui, pour atteindre sa victime, alla jusqu'à Astrakan, tant d'autres exemples donnés à l'Italie en 1848 et 1849 ne sauraient-ils dessiller les yeux des infortunés qui vivent tranquilles, tandis que le poignard sur leurs têtes n'est suspendu qu'à un fil !

Mais *le Juif de Vérone* est un roman ? — Plut à Dieu que nous eussions inventé !

TABLE.

LIMOGES. — IMPRIMERIE DE BARBOU FRÈRES.

www.ingramcontent.com/pod-product-compliance
Ingram Content Group UK Ltd.
Pitfield, Milton Keynes, MK11 3LW, UK
UKHW012018240726
13965UKWH00002B/440

9 782012 972872